望ましい地方税のありかた

奈良県税制調査会からの発信

奈良県

論文集発刊に寄せて

　昨年（平成25年）の３月に奈良県におきましても、本県の税制度のあり方を検討いただく「税制調査会」を立ち上げ、その成果を同委員会の委員７名によって執筆いただいた論文集「望ましい地方税のあり方―奈良県税制調査会からの発信―」としてまとめました。

　現在、多くの知事が地方分権で税源移譲が必要であるという声をあげておられますが、私は、税源のない地域はどうなるのか、格差が広がるばかりではないかと感じているところです。

　国が行う財源調整、税源調整にも関連しますが、「独自の税源」という概念が、現制度の中で本当にあり得るものなのか、ということがいつも頭の中をよぎっています。また、いかに財源を確保するのかという地方の立ち方が地方での関心事でありますし、知事会や大都市だけでなくそれぞれの地方の研究課題であるとも考えておりました。

　税制調査会の立ち上げ当初、私は、地方の税制調査会が本来の税制ということについてどれほどの意味のあることができるかを考えておりましたが、現在は、これからの地方の役割は社会保障のためにいろいろな財源をどのように調達するのか、どのような税制であれば調達できるのかといった、これからの日本の成り立ち方における地方の立場を国にもの申すために、しっかりと理屈を立てなければならないと思っており、これこそが地方の税制調査会の意義だと考えております。

　現在の税制度では、単なる偏在ではない格差が存在しているのではないかという気がしているのですが、その格差に対する主張が理屈のある主張になるの

かということを、我々自身で考えていかなくてはならないと考えています。

　例えば、地方消費税の清算基準もその中の一つです。実際に奈良県民の消費は全国と比べてみても遜色がなく、相応の地方消費税収も期待されるところなのですが、都道府県清算後の人口1人あたりの税額は、大都市（東京都）と地方（奈良県）とでは、平成24年度決算額で1.8倍もの差があります。この差額分を誰が穴埋めするのか、「配分額が自主財源そのものなのだから、その額で地方は社会保障をすべし」という考え方なのでしょうか。また、地方消費税、特に引上げ分は全額社会保障財源とすることとされていますが、「いわゆる社会保障目的税化されていることは整合していない」という主張は筋の通った主張でしょうか。あるいは、単に「他と比べて配分が少ない」という利害だけの主張なのでしょうか。このような疑問に関して、理屈を立てて論じたいと考えているところです。その点で、一歩進んで、各先生方からご寄稿いただきましたこの論文集の出版は、本当に地方に必要な税制をご提案いただいたものであると考えています。

　そういった理屈を立てることができれば、賛成・反対双方の意見はあれど、進んだ議論ができるものと考えております。国や国会議員の方々にもそういった声を聞いていただいたうえで税制の議論をしていただければ幸甚の極みでございます。

　最後になりましたが、官民ともにまだまだ実力が乏しい奈良からこうした本が出版できることは、奈良県税制調査会委員各位のおかげであると重ねて感謝いたしますとともに、今後も、より良き奈良の未来づくりを進めていくためご支援賜りますようお願い申し上げます。

　平成26年9月

奈良県知事　荒井　正吾

はしがき

　本書は、2013年度に奈良県に設置された税制調査会のメンバーによる論文と税制調査会として検討した内容を取りまとめたものである。

　税は、公的な強制力をもって社会の構成員から調整されるもので、同時に負担者の側からは公共の利益のために支払っているものである。当然、納税者は、自分たちの負担した税が有効に活用されることを願う。したがって、税制の議論の背景には適切な行財政運営が求められることは言うまでもない。税制は、必要となる財源の確保が最も重要な役割であり、その構造が国民（住民）の間での税負担配分を決めることになる。

　今日の租税原則は、公平、中立、簡素に集約されている。また、日本では地方税制が国の法律によって原則として一律に決められるものであることから、その枠組みには税源が特定の地域に偏在しないという意味での普遍性や税収の安定性などの国税とは異なる基準からの原則も求められる。これらの諸原則は、税制改革の際には重要な論点となる。つまり、その時点の税制がどのような問題を抱えているのかを検討するための基本的な視点となる。

　1980年代の消費税導入へとつながる税制改革の際には、シミュレーションも含めた多様な改革案が示され、税制のあるべき姿についての議論が活発に行われた。そして、どのような租税原則をどれだけ重視すべきかによって方向性も様々なものであった。

　しかしながら、1990年代後半以降、経済の低迷が続く中で、税制についても税制そのもののあり方の検討よりもむしろ経済活性化の視点が重視されるようになることから、税制の議論も政治マターとしての性格が強くなってきた。また、地方税に関しては、時として都市圏とそれ以外の地域との間で利害が対立し、これも政治問題化する。国、地方を通じた公的債務の拡大に歯止めがかか

らない近年の財政状況では、すべての納税者を対象に減税を実施することはできず、税制の変更は少なくともどこかに負担増が発生する。このような状況下での税制改革議論には、対立関係を調整する政治的配慮も必要ではあるが、一方で十分な合理性や論理性を備えた検討が不可欠である。

　本書では、調査会メンバーが、それぞれの視点から地方税制の課題や改革の方向性についての分析と考察を取りまとめた。したがって、その内容は奈良県税制調査会の提言というわけではなく、各メンバーの研究成果の一環である。

　各論文の概要は以下のとおりである。「地方自治体の社会保障財源としての地方消費税の清算基準のあり方」（上村）と「地方消費税の清算が生む地域間格差の問題点」（竹本）はいずれも、地方消費税の地域間配分について分析している。

　（上村）では、地方消費税を地方の社会保障財源と位置づけた上で、どのような清算基準を用いるべきかを考察している。そして、地方の社会保障関係費の状況も踏まえた上で、現在の販売高を中心としたものではなく、家計の最終消費や人口といった要素を取り入れるべきと提言する。（竹本）では、地域間の税収偏在をテーマに地方消費税の清算基準を考える。そして、単なる一人当たり税収の均等化だけではなく、各都道府県の所得や従業者数を基準にすることも選択肢の一つとして提案する。

　「所得に対する住民税の課題」（林）は、地方の個人所得課税である所得割住民税を取り上げる。課税ベースや税収の地域間の格差や2007年に実施された比例税化についても考察し、各納税者の状況に配慮することのできる所得課税が地方にとっても重要な財源であることを改めて主張するとともに、現下の課題を指摘する。

　「地方税に関する徴税・納税制度と納税協力費に関する研究」（横山）は、所得課税である所得税と個人住民税、消費課税である消費税と地方消費税を対比させて納税意識と徴税コストの関係を考察する。そして、両者は互いに影響しながら、正の相関にあることが示される。「地方政府における課税自主権の現状」（城戸）では、政治学の観点から地方の課税自主権について考察する。課

税自主権の重要性を指摘しつつ、地方がどのような税目で課税自主権を発揮すべきか、ひいては地方税としてどのような税目が相応しいのかを検討することが必要と主張する。

「地方法人税改革：試案」（佐藤）では、企業課税改革だけではなく広く地方税全般にわたる改革案が提示されるが、法人課税については現在の税制（事業税、住民税、地方法人特別税）の一体化と地方の共同税化が提案される。「地方税改革の方向性」（鈴木）は、地方の支出と税収の関係を明確にする限界的財政責任を重視し、地方による法人課税の縮小を主張する。

税制は、望ましい原則に即した議論が必要であるが、一方で、その時代、国や地方の社会的、経済的環境によって向かうべき方向性は異なる結論が出る。したがって、常に客観的な論理と合理性に基づく税制改正の議論は、社会にとって不可欠である。

その意味で、今回、奈良県に設置された税制調査会で様々な議論を行い、また現状を聞く機会を得たことはすべてのメンバーにとって大変ありがたいことであった。荒井知事と前田副知事、そして担当者の皆様に厚く御礼を申し上げたい。

また、本書は奈良県の行財政システムの発展を願って発行するものであることはもちろんのこと、それにとどまらず「奈良県だけのためではない、あるべき地方税についての議論を取りまとめたい」という思いを込めて出版にまで結びつけられたことについても改めて感謝の意を表したい。タイトルを「望ましい地方税のありかた－奈良県税制調査会からの発信－」としたのは、その意気込みの表れである。奈良県のみならず、広く税制議論の一翼を担うことができれば、執筆者一同大きな喜びである。

最後に、出版にあたってご尽力いただいた清文社小泉社長にも御礼申し上げるしだいである。

平成26年9月

関西大学経済学部教授　林　宏昭

目　次

　　論文集発刊に寄せて　　i
　　はしがき　　iii

地方自治体の社会保障財源としての地方消費税の清算基準のあり方
（上村敏之）……………………………………………………………… 1
地方消費税の清算が生む地域間格差の問題点（竹本　亨）………… 23
所得に対する住民税の課題（林　宏昭）……………………………… 51
地方税に関する徴税・納税制度と納税協力費に関する研究（横山直子）
………………………………………………………………………………… 77
地方政府における課税自主権の現状（城戸英樹）…………………… 99
地方法人税改革：試案（佐藤主光）…………………………………… 119
地方税改革の方向性（鈴木将覚）……………………………………… 147

　資　料　　173
　　あとがきに代えて～奈良県税制調査会の発足について～　　185

地方自治体の社会保障財源としての地方消費税の清算基準のあり方

関西学院大学経済学部教授

上村 敏之

Toshiyuki Uemura

1．はじめに

　日本の消費税は，国の消費税と地方消費税に分離できる。地方消費税は，それまでの消費譲与税に代えて，地方分権の推進，地域福祉の充実，地方財源の充実のために1997年4月に導入された地方税である。

　地方消費税の課税主体は都道府県であり，納税義務者は課税資産の譲渡等を行った者（譲渡割）および課税貨物を保税地域から引き取る者（貨物割），課税方式は申告納付である。課税標準は消費税額であり，国の消費税の税額に対して地方消費税の税率を課すことで税収を得る仕組みになっている。

　近年の与野党を巻き込んだ「社会保障と税の一体改革」での議論を経て，2014年4月に消費税の税率の引き上げが実施された[1]。これにともない，地方消費税の税率も引き上げが実施されている。実に17年ぶりの改正であった。

　1997年4月から2014年3月までの制度（以下，旧制度と呼ぶ）では，国の消費税率は4％であり，地方消費税は国の消費税額の25％，すなわち消費税率換算で1％相当（＝4％×25％）で，合わせて5％であった。2014年4月以降の制度より，国の消費税6.3％，地方消費税は消費税率換算1.7％相当で合計8％となった。さらに，2015年10月以降の制度（以下，新制度と呼ぶ）では，国の消費税7.8％，地方消費税は消費税率換算2.2％の合計10％への引き上げがなされる予定である。

旧制度において，国の消費税の税収は，29.5％部分が地方交付税交付金の原資となっており，残りの部分は年金，医療，介護の社会保障3経費の財源として位置づけられてきた。一方，地方消費税の税収については，地方自治体の一般財源となっており，旧制度においては使途の限定はなされてこなかった。

　ところが，2014年4月以降の税率引き上げ部分における税収については，国の消費税と地方消費税の双方とも，社会保障財源として位置づけられることになった。国の消費税の引き上げ分については，社会保障3経費に少子化対策を加えた社会保障4経費の財源となる。

　地方消費税に関しては，旧制度で一般財源とされてきた地方消費税の1％部分は，新制度でも地方自治体の一般財源のままであるが，新制度では引き上げ分については地方自治体の社会保障財源となった。

　本稿では，地方消費税の税収配分に用いる基準（清算基準）と地方自治体の社会保障費の関係に焦点を当てる。

　地方消費税の引き上げ分を社会保障財源として位置づけるならば，引き上げ分の清算基準には社会保障費に連動した基準を採用することが必要なのではないかと考えられる。後にも紹介するように，奈良県や岩手県では，この問題意識より，新たな清算基準の改革案を提示している。

　本稿では，現行制度と改革案の清算基準による税収配分が，どれほど地方自治体の社会保障費と連動しているかについて，データを用いて検証する。

　本稿の構成は以下の通りである。2節では地方消費税の清算基準について述べる。3節では現行制度と奈良県および岩手県の改革案による地方消費税の清算による都道府県別の地方消費税の税額を試算する。4節では地方自治体の社会保障費を抽出し，地方消費税の税額との相関関係を検討する。5節では本稿で得られた結果をまとめ，むすびとする。なお，本稿の末尾にある補論では，地方消費税の清算基準が抱える「クロスボーダー・ショッピング問題」について検討する。

2．地方消費税の清算基準をめぐる議論

　地方消費税は，国の消費税額が課税標準となっているものの，結果的には消費に対して課税がなされることから，財・サービスの最終消費者に負担を求める租税である。地方消費税は都道府県税であるから，本来は事業者が都道府県に申告納付する必要がある[2]。

　しかしながら，徴税上の問題より，都道府県は地方消費税を徴収することが困難である。そのために事業者は，国の税務署に国の消費税と併せて申告納付しており，国が都道府県に代わって徴収している。その後，最終消費地（すなわち地方自治体）に地方消費税の税収を帰属させるために，消費に関連した指標をもとに，都道府県間で清算を行っている。

　都道府県間に地方消費税の税収を帰属させるため，清算基準が用いられる。清算基準には，「消費」に関する指標として，経済産業省『商業統計』「小売年間販売額」，総務省統計局『サービス業基本統計』「サービス業対個人事業収入額」，総務省統計局『国勢調査』「人口」，総務省統計局『事業所・企業統計』「従業者数」が用いられてきた。現在，『商業統計』『サービス業基本統計』『事務所・企業統計』については，経済産業省『経済センサス』への統合が進んでいる。

　現行制度の都道府県への清算基準は，「小売年間販売額」+「サービス業対個人事業収入額」が6／8のウェイト，「人口」が1／8のウェイト，「従業者数」が1／8のウェイトとなっている。

　都道府県間で清算された地方消費税の税収の二分の一は，その都道府県の税収になるが，残る二分の一は，その都道府県に属する市町村に交付される。現行制度の市町村への交付基準は，「人口」が1／2のウェイト，「従業者数」が1／2のウェイトとなっている。

　総務省の資料によれば，2011年度決算において，清算後の地方消費税の1人あたり税収が最大となった都道府県（東京都）と最小となった都道府県（奈良

県）の格差は1.8倍であった。過去にさかのぼっても，1998年度から2011年度までの地方消費税の1人あたり税収の格差は，1.7～2.6倍に収まっている。

一方，2011年度決算において，すべての地方税の格差は2.5倍，個人住民税の格差は2.9倍，固定資産税の格差は2.3倍，地方法人二税（法人道府県民税，法人市町村民税，法人事業税）に至っては5.3倍となっている[3]。地方法人二税については，1989年度から2011年度までの1人あたり税収の格差は，実に4.6～8.6倍となっており，大きな偏在性をもつことがわかる。すなわち，地方消費税の税収の格差は相対的に小さいことが知られている。

地方消費税は清算という手続きを経ることにより，都道府県間の1人あたり税収の格差の拡大を抑制できているといえる。偏在性の抑制という側面では，ある程度は機能している現行の清算基準ではあるが，一方で様々な問題点も指摘されている[4]。

他の地方税に比較すれば偏在性が小さいとはいえ，地方消費税の1人あたり税収には一定の偏在性が存在し，それは清算基準に由来している。特に清算基準に用いられている「従業者数」は，都道府県間の偏在性が高い指標となっている。

都道府県間の清算基準が偏在することで，市町村への交付にも影響が出てくる。都道府県に清算された税収の二分の一が，交付基準によって市町村に交付されることから，同じ人口規模の市町村でも，所属する都道府県が異なれば，税収に差が生じる。このような問題意識から，岩手県は「従業者数」を「人口」に変更すべきだと主張している。

また，地方消費税は，「消費」に関する指標によって清算されることが望ましいとされ，「小売年間販売額」＋「サービス業対個人事業収入額」で清算がなされてきた。ところが，この指標は供給側である企業が提示している消費データであり，必ずしも需要側である家計の消費データではない。そのため，人口移動が生じれば，最終消費地と税の帰属地が一致しないことが起こりえる。

たとえば，ある奈良県民が大阪府で衣服を購入し，その衣服を奈良県で着る場合，現行の清算基準のもとでは，地方消費税の税収は大阪府へ配分されるこ

とになる。このような「クロスボーダー・ショッピング問題」を抱えるのも，現行の清算基準の課題だと指摘されている[5]。このような問題意識から，奈良県は消費に関する指標ではなく，人口に高いウェイトを置いた清算基準とすることを主張している。この主張は，「社会保障と税の一体改革」を考えたときに重要な含意をもっている。

近年の「社会保障と税の一体改革」により，地方消費税が増税となった。地方消費税の引き上げ分に関しても，消費に関する指標を活用した清算基準（以下，現行制度）が引き続き使われることになっている。

しかしながら，これまでは一般財源であった地方消費税の税収であるが，今後は引き上げ分が社会保障財源に位置づけられたことは，清算基準にも何らかの影響を与えると考えてよいはずである。すなわち，地方消費税の引き上げ分の税収は，地方自治体の社会保障費に連動しなければならないのではないか。

大阪府で消費する奈良県民がいても，その奈良県民が社会保障サービスを受けるのは，大阪府ではなく奈良県である。したがって，地方消費税の引き上げ分が社会保障財源となるならば，社会保障サービスの受益と地方消費税の負担が一致することが望ましい。

ところが，清算基準が現行制度のままであれば，現行制度で清算された税収が，必ずしも地方自治体の社会保障費に連動しない恐れがある。以降の節では，地方消費税の引き上げ分の税収について，地方自治体の社会保障費との関連性に着目する。

3．現行制度と改革案による地方消費税の清算基準

本節では現行制度による都道府県別の地方消費税の税額を試算し，奈良県と岩手県の改革案がもたらす影響を考察する。まず，総務省「平成23年度　地方税に関する参考計数資料」より，2011年度の都道府県別の地方消費税の税額を取得し，現行制度の清算基準による地方消費税の交付の状況を再現する作業を行う。

現行制度の清算基準として，『国勢調査』より2010年の都道府県別および市町村別の「人口」，『経済センサス』より2012年の都道府県別および市町村別の「従業者数」を取得した。「小売年間販売額」＋「サービス業対個人事業収入額」については，まだ『経済センサス』のデータが公表されていない[6]。そこで，2011年度の都道府県別の地方消費税の税額を実現するように，都道府県別の「小売年間販売額」＋「サービス業対個人事業収入額」を逆算した。

　続いて，消費税が10％に引き上げられる予定となっている2015年10月以降の都道府県別の税額を試算する。このとき，地方消費税の税率は消費税換算で2.2％相当となる。2015年の都道府県別の「人口」は，国立社会保障・人口問題研究所『日本の地域別将来推計人口（平成25年3月推計）』より取得した。「従業者数」と「小売年間販売額」＋「サービス業対個人事業収入額」については，2011年度の都道府県別の地方消費税の税額を計算した際のデータを「人口」で除算した1人あたりのデータが，2015年でも変わらないと想定し，そこに2015年の「人口」を乗じることで推計した。

　この手順によって得られた都道府県別の地方消費税の税額は図1に示されている。旧制度で1％相当の地方消費税は，2015年10月以降の新制度で消費税換算2.2％相当に引き上げられる。それにより，どの都道府県でも，現行制度による清算後の地方消費税の税収は2倍以上に増える。現行制度のもとで最大の税収をもつのは東京都であり，大阪府，神奈川県，愛知県のように都市部をもつ府県が続く。

　図1の都道府県別の地方消費税の税額を，それぞれの年の「人口」で除算した都道府県別1人あたり地方消費税の税額が図2に示されている。図2によれば，1人あたりの地方消費税の税額の格差は，旧制度よりも新制度で大きくなることがわかる。都道府県間において，旧制度の1人あたり地方消費税の税額の変動係数は0.0903，新制度は0.0977となっている。

　もっとも大きな1人あたり地方消費税の税額をもつのは東京都であり，次いで大阪府，愛知県となっている。逆にもっとも少ない1人あたり地方消費税の税額となっているのは奈良県である。この地方自治体間格差の傾向は，旧制度

地方自治体の社会保障財源としての地方消費税の清算基準のあり方 7

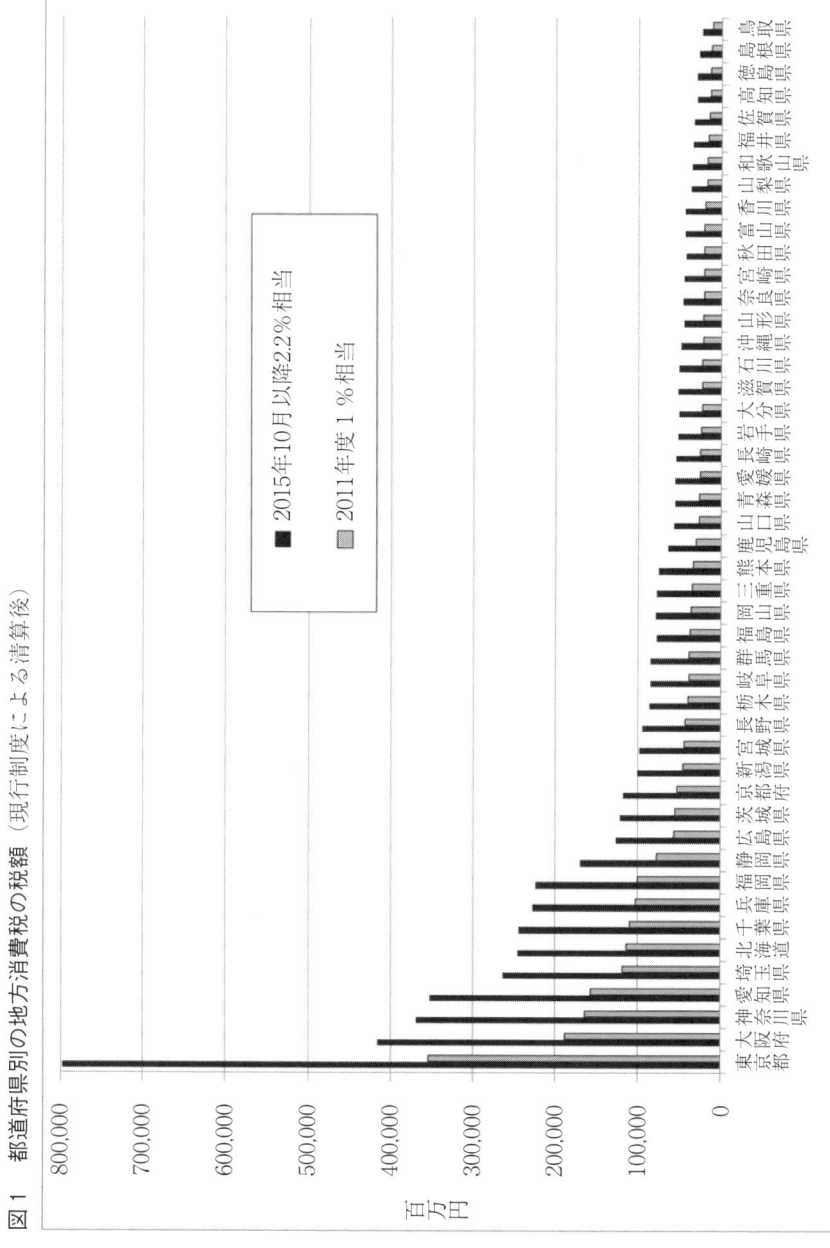

図1 都道府県別の地方消費税の税額（現行制度による清算後）

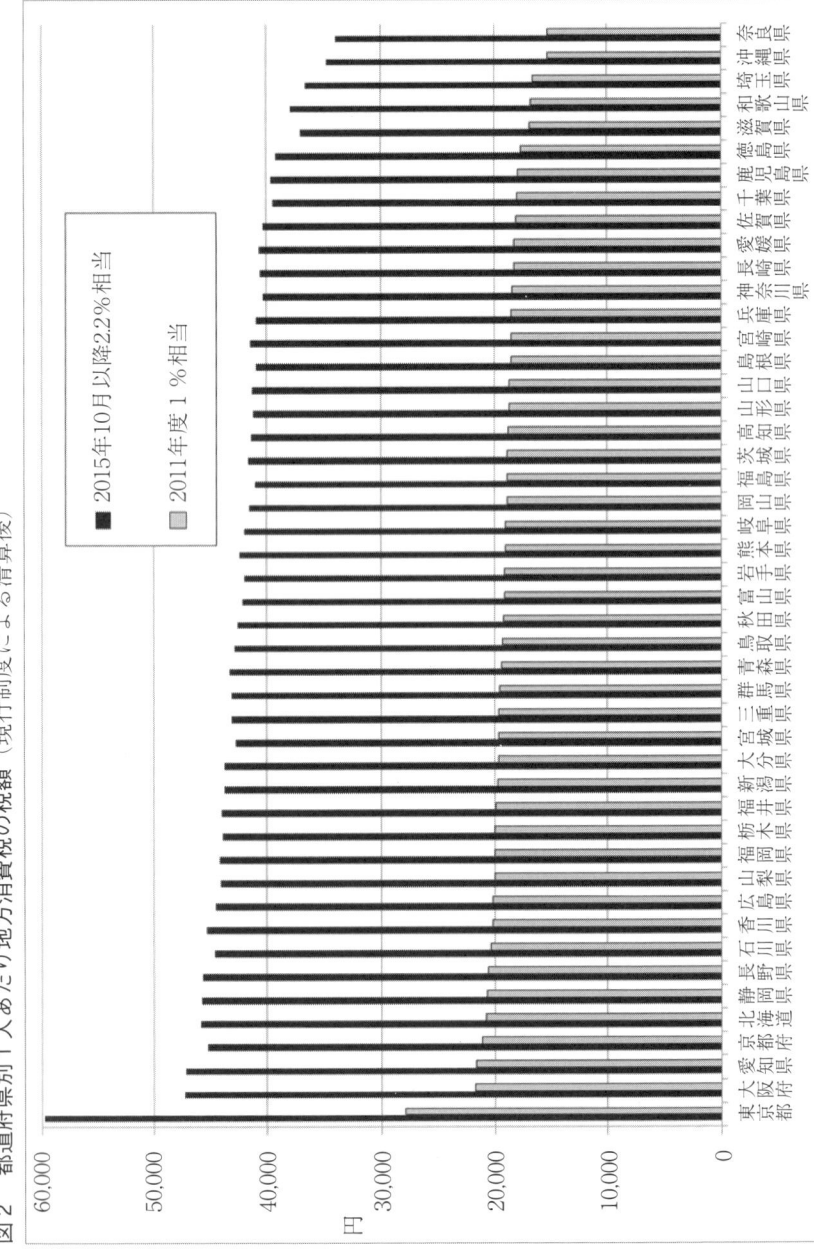

図2 都道府県別1人あたり地方消費税の税額（現行制度による清算後）

でも新制度でも，ほぼ変わらない。

現行制度に続き，奈良県と岩手県の改革案について検討しよう。地方消費税の清算基準については，奈良県と岩手県が具体的な提言を行っている。表1に現行制度と改革案の比較を掲載した。

表1　現行制度と改革案の比較

	都道府県間の清算基準	市町村への交付基準	都道府県間の変動係数
現行制度	「消費」6／8 「人口」1／8 「従業者数」1／8	「人口」1／2 「従業者数」1／2	0.0848
奈良県改革案	「65歳以上人口」3／4 「18歳以下人口」1／4	「人口」のみ	0.0671
岩手県改革案	「消費」3／4 「人口」1／4	「人口」のみ	0.0718

第1に，奈良県税制調査会は，2013年6月26日付け『地方税改革に関する4つの提言』のなかの1つの要望として「社会保障目的となる地方消費税（引き上げ分）の清算基準について」を掲げている。

奈良県税制調査会は，地方消費税の引き上げ分の税収が社会保障財源に位置づけられたことから，引き上げ分の清算基準を現行制度の「消費」に関する指標から，年齢別「人口」を基準とする指標に改めることを提案している。具体的には，社会保障4経費における社会保障サービスの対象となる高齢者数や子ども数を考慮して，都道府県の清算基準は「65歳以上人口」を3／4のウェイト，「18歳以下人口」を1／4のウェイトとし，市町村への交付基準は「人口」のみとする案となっている。

第2に，岩手県は2007年10月に『"絵で見る"地方の窮乏と財政格差－問題の所在と待ったなしの対策案～まず2008年度予算から』という提言を行っており，そのなかで地方消費税の清算基準について，「従業者数」を廃止し，「人口」に吸収する改革案を掲げている。具体的には，「消費」に関する指標のウェイトを3／4，「人口」のウェイトを1／4とし，市町村への交付基準は「人口」

のみとする案となっている。

　そこで，現行制度で実現する地方消費税の税収を一定として，奈良県と岩手県の改革案が提示する清算基準によって，都道府県別の1人あたり地方消費税の引き上げ分の税額を試算した結果が図3である。特に奈良県改革案によれば，都市部の税額が縮小することがわかる。

　現行制度と改革案の1人あたり地方消費税の税収の地方自治体間格差を比較するために，それぞれの変動係数を求めた。表1にもあるように，現行制度は0.0848，奈良県改革案は0.0671，岩手県改革案は0.0718となった。

　すなわち，奈良県と岩手県の改革案によれば，現行制度よりは1人あたり地方消費税の引き上げ分の税額がもつ都道府県間格差を縮小できる。このことは，現行制度が清算基準として使っている「消費」に関する指標や「従業者数」が，都道府県間格差をもたらす要因になっていることを示している。なお，岩手県改革案よりも，奈良県改革案の方が，変動係数が小さく，1人あたり地方消費税の税額の地方自治体間格差は小さい。

4．地方自治体における社会保障費と地方消費税の相関関係

　現行制度に比較して，奈良県と岩手県の改革案が，1人あたり地方消費税の税額の都道府県格差を縮小することがわかった。続いて本節では，地方自治体の社会保障費を抽出する作業を行う。

　地方消費税の税率引き上げ分の税収は，地方自治体の社会保障財源となることから，双方が連動するかどうかを検討する。地方自治体の社会保障費といっても多岐にわたることから，本稿では地方自治体の社会保障費として，都道府県における民生費の社会福祉費，老人福祉費，児童福祉費を取り上げる。

　地方自治体の決算統計より，2010年度の都道府県の民生費のうち，社会福祉費，老人福祉費，児童福祉費のデータを取得した。ただし，これらの経費には，国庫支出金など地方自治体が負担しない財源による経費が含まれている。

　国庫支出金など補助金は，一次的には住民の負担ではないことから，ここで

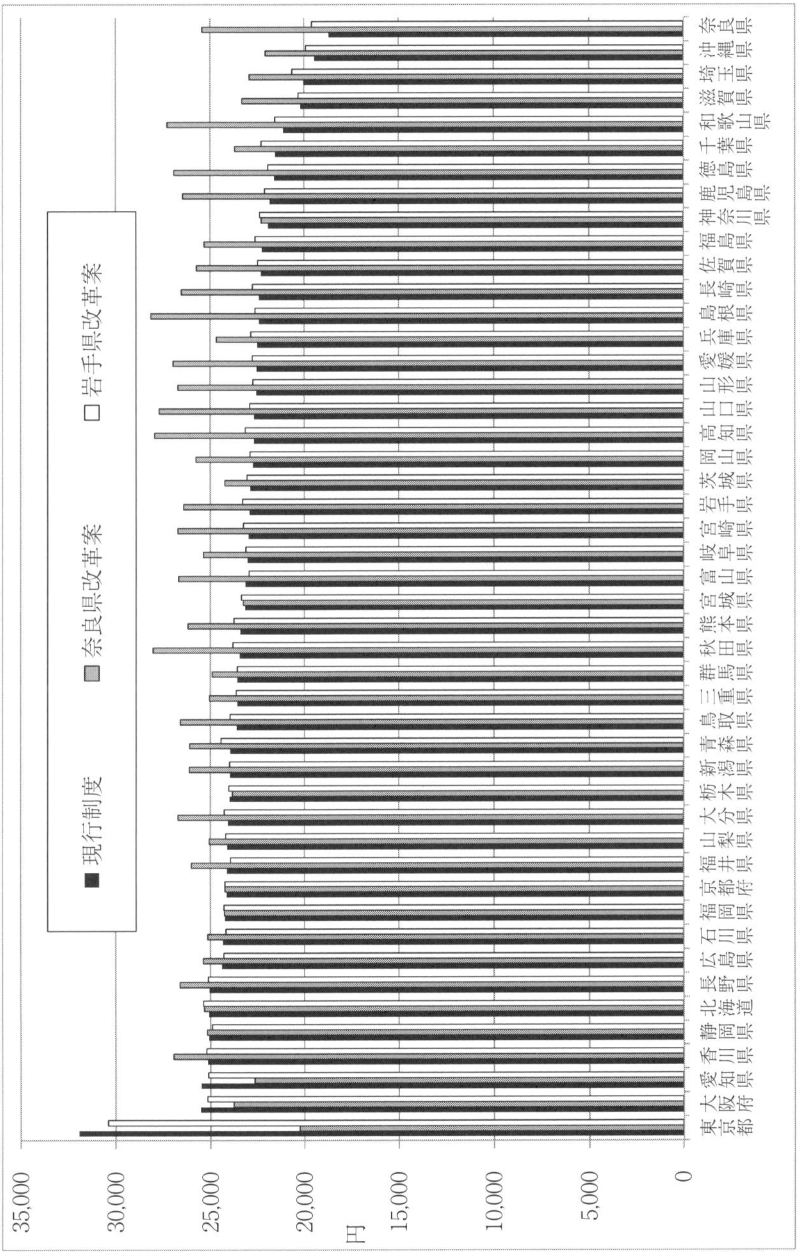

地方自治体の社会保障財源としての地方消費税の清算基準のあり方 11

図3 都道府県別1人あたり地方消費税の引き上げ分の税額

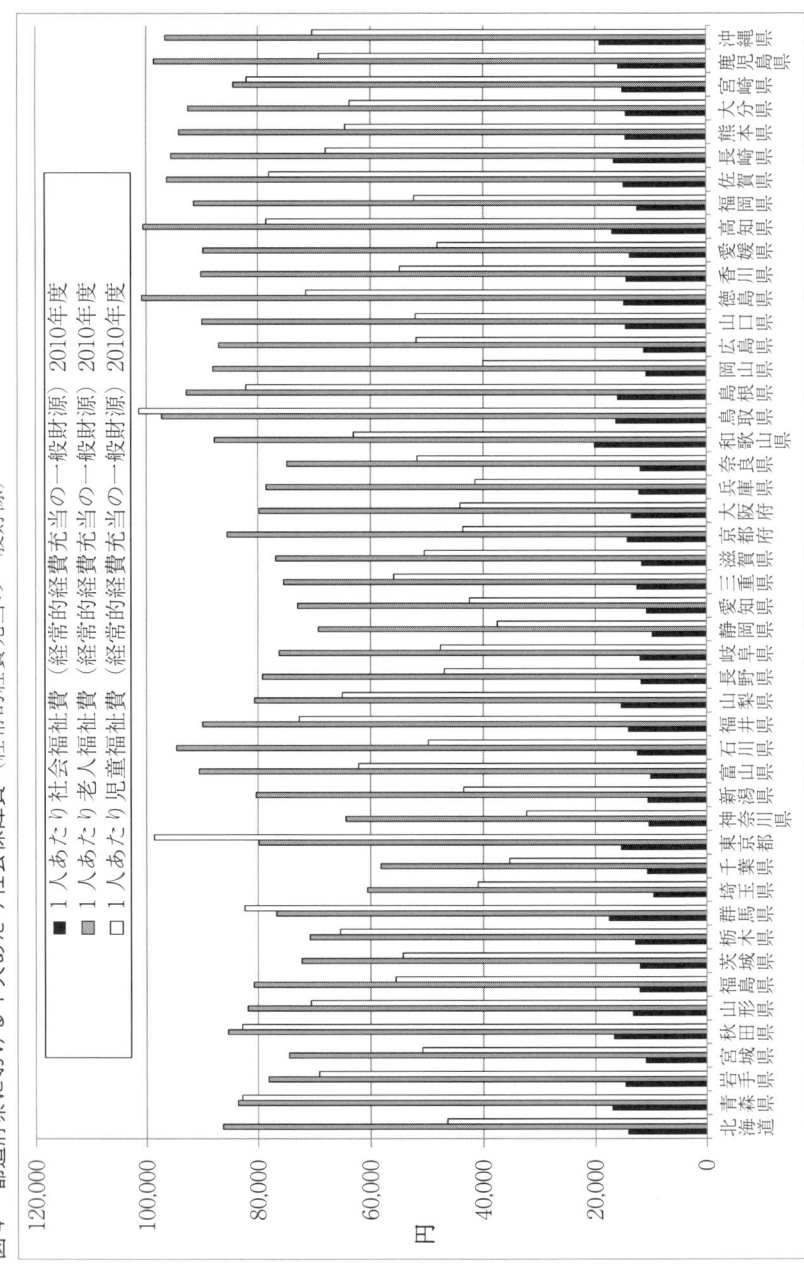

図4 都道府県における1人あたり社会保障費（経常的経費充当の一般財源）

は地方自治体の一般財源から充当される社会福祉費，老人福祉費，児童福祉費に限定した。また，普通建設事業費のような投資的経費は，年度間の変動が大きく，地方自治体間での比較可能性を低めることから，ここでは経常的経費に限定した。

図4には，都道府県における1人あたり社会福祉費，1人あたり老人福祉費，1人あたり児童福祉費を図示している。ただし，1人あたり社会福祉費は地方自治体の人口，1人あたり老人福祉費は65歳以上人口，1人あたり児童福祉費は15歳未満人口によって除算している。

都道府県における1人あたり社会保障費が抽出できたので，前節で得られた1人あたり地方消費税の税額との関係を検討する。表2には，現行制度と奈良県および岩手県の改革案による1人あたり地方消費税の税額と，1人あたり社会保障費の相関係数が示されている。

表2　都道府県における1人あたり地方消費税と社会保障費との相関係数

清算基準	1人あたり社会福祉費	1人あたり老人福祉費	1人あたり児童福祉費
現行制度	▲0.0271（2）	0.0045（2）	0.1821（3）
奈良県改革案	0.3342（1）	0.5571（1）	0.2809（1）
岩手県改革案	▲0.0103（3）	0.0023（3）	0.1822（2）

備考）▲はマイナスを意味する。（　）内は高い相関係数から並べた順位である。

表2にあるように，奈良県改革案による清算基準が，もっとも相関係数が高くなる。現行制度と岩手県改革案は，奈良県改革案に比較すれば相関係数が小さい。表1にあるように，現行制度と岩手県改革案は「消費」に関する指標を用いていることが，1人あたり社会保障費との相関関係を弱めている原因になっていると考えられる。

以上の考察により，地方消費税の引き上げ分が社会保障財源として位置づけられる場合，現行制度の清算基準のもとでの都道府県における地方消費税の税収は，都道府県における社会保障費との相関関係が弱いことが指摘された。

地方自治体の社会保障サービスを住民への受益としてとらえ，その負担を地方消費税の引き上げ分だと考えたとき，現行制度における清算基準は，受益と

負担の一致の側面から，見直す必要があると考えられる。

5．まとめ

本稿では，地方自治体の社会保障財源として位置づけられることになった地方消費税の引き上げ分について，その税収の配分を決定している清算基準が，地方自治体の社会保障費に連動しているかどうかを検討した。

現行制度の清算基準は，「消費」に関する指標，「従業者数」「人口」を用いている。その清算基準に対し，奈良県と岩手県は改革案を提示している。奈良県改革案は「消費」に関する指標に代えて「65歳以上人口」「18歳以下人口」，岩手県改革案は「従業者数」に代えて「人口」とすることを提案している。

地方消費税の引き上げ分を現行制度によって配分するよりも，奈良県改革案と岩手県改革案による配分の方が，1人あたり地方消費税の税額の都道府県間の変動係数は小さくなる。すなわち，1人あたり地方消費税の税額の偏在性は抑制できることが示された。

さらに，都道府県における1人あたり社会保障費のデータを抽出し，1人あたり地方消費税の税額との連動について検討した。本稿では社会福祉費，老人福祉費，児童福祉費について取り上げた。ただし，いずれも経常的経費充当の一般財源である。

それぞれの1人あたり社会保障費と1人あたり地方消費税の税額の相関係数によれば，現行制度と岩手県改革案の相関係数は低いものの，奈良県改革案の相関係数は高くなった。すなわち，奈良県改革案によることで，1人あたり社会保障費と1人あたり地方消費税の税額の連動を高めることができる。

このことは，社会保障財源として位置づけられた地方消費税において，地方自治体の社会保障サービスによる受益と，地方消費税の負担を一致させてゆくことが，受益と負担の一致の側面から望ましいならば，奈良県改革案は考察に値する改革案であると考えられる。

補論. 地方消費税の清算基準における「クロスボーダー・ショッピング問題」について

　補論では地方消費税の清算基準が抱える「クロスボーダー・ショッピング問題」を検討する。本稿の本論では，地方消費税の引き上げ分が社会保障財源として位置づけられたことから，1人あたり社会保障費と1人あたり地方消費税の税額の相関関係について検討したが，補論では社会保障費との関係はひとまず度外視する。

　先述のように地方消費税の課税標準は国の消費税額であるが，国の消費税の課税標準は消費額であるから，清算基準が完全に消費を反映するならば，地方消費税も消費に連動して税収が増える形になっているはずである。

　そこで，都道府県ごとに，家計の1人あたり消費支出と1人あたり地方消費税の税収を比較する。ここで，1人あたり消費支出は，総務省『平成21年 全国消費実態調査』二人以上世帯の平均の「消費支出」を「世帯人員」で除算したもの，1人あたり地方消費税の税収は，総務省『地方税に関する参考計数資料』（平成21年度決算ベース）より入手した。

　地方消費税の税収が，消費の実績に応じて配分されているのなら，1人あたり消費支出の大きな（小さな）都道府県ほど，1人あたり地方消費税の税収が大きく（小さく）なるはずである。

　図5には，1人あたり地方消費税の税収と1人あたり消費支出を図示した。ところが，都道府県に配分されている地方消費税の税収は，必ずしも家計の消費支出に対応してはいない。下記のように回帰分析を行ったが，推計結果において正の相関は統計的に支持できず，補正決定係数も高くない。

　　1人あたり地方消費税の税収＝15338＋0.0318×1人あたり消費支出
　　　　　　　　　　　　　　(5.333)　(1.036)　　　補正 R^2 ＝0.0016

　備考) (　) 内はt値である。

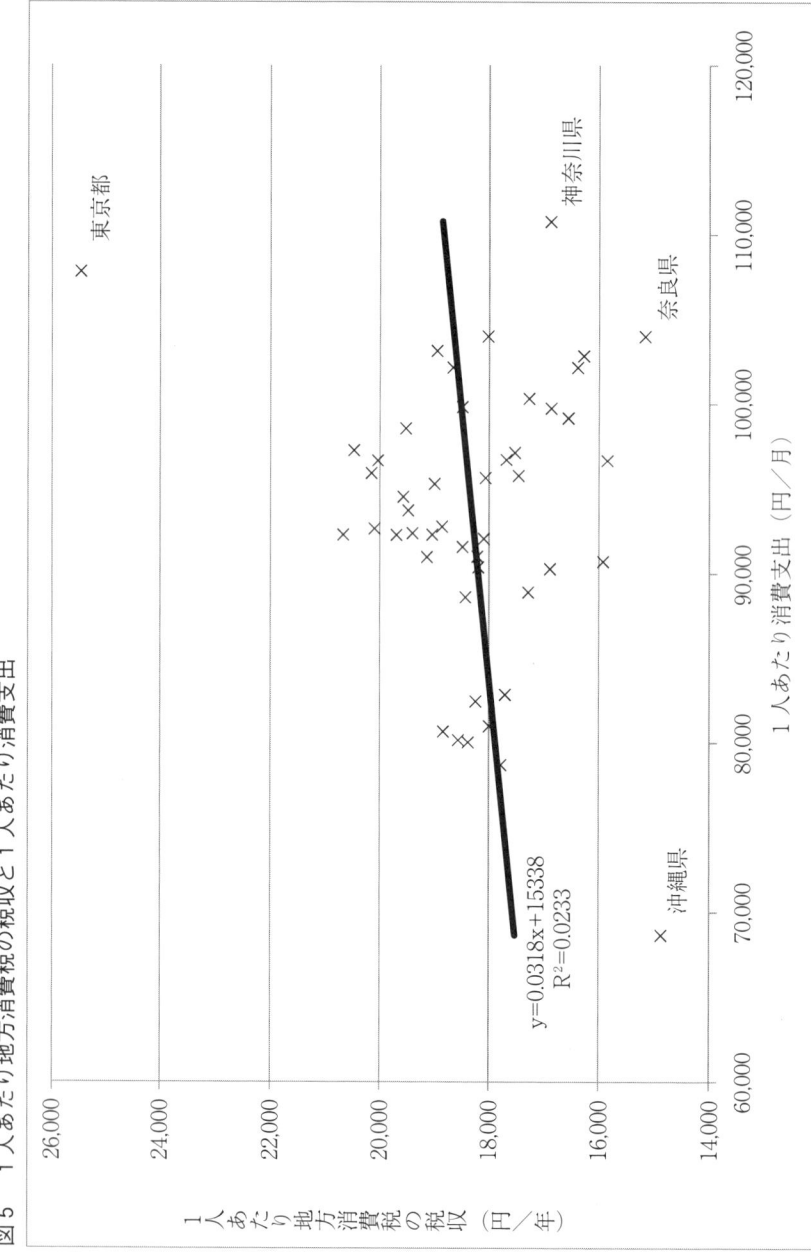

図5　1人あたり地方消費税の税収と1人あたり消費支出

そこで図6では，都道府県の1人あたり消費支出の平均を100として指数化した数値が大きい都道府県から順番に並べて示した。1人あたり消費支出が大きいのは，神奈川県，東京都，富山県，奈良県，広島県といった都県である。

図6には，1人あたり地方消費税の税収の平均を100として指数化した数値も示している。図5でも確認したように，1人あたり消費支出の指数との正の相関は見受けられない。なお，東京都の1人あたり地方消費税の税収の指数は，突出して大きいことがわかる。

先に示したように，1人あたり消費支出と1人あたり地方消費税の税収には強い相関がみられない。1人あたり消費支出と1人あたり地方消費税の税収の乖離は，何が要因で生じているのだろうか。図7では，それぞれの指数の差を求め，指数の差の大きさで順番に並べた。

右側に位置する奈良県，神奈川県，千葉県，埼玉県といった県は，1人あたり消費支出に比べて，1人あたり地方消費税の税収が少ない。すなわち，これらの県では，1人あたりの消費支出が大きいにもかかわらず，1人あたりの地方消費税の税収配分が少ないのである。

一方，もっとも左に位置するのが東京都である。東京都は，1人あたり消費支出に比べ，1人あたり地方消費税の税収が大きく配分されている。1人あたり消費支出と1人あたり地方消費税の税収の不一致が生じるのは，県境を越えた消費，すなわちクロスボーダー・ショッピングが影響している。

たとえば奈良県民は大阪府で，神奈川県民，千葉県民，埼玉県民は東京都で買い物をすることが多いということである。特に東京都については，周辺の地方自治体の住民だけでなく，遠方から訪れる人々の消費支出も大きいと考えられる。県境のような行政区域の境は，家計の経済行動の範囲と必ずしも合致するわけではないからである。

クロスボーダー・ショッピングの影響が大きければ，地方消費税の税収が奈良県や神奈川県に入らず，東京都や大阪府に入る。これが地方消費税における「クロスボーダー・ショッピング問題」である。

地方消費税の税収に「クロスボーダー・ショッピング問題」が生じるのは，

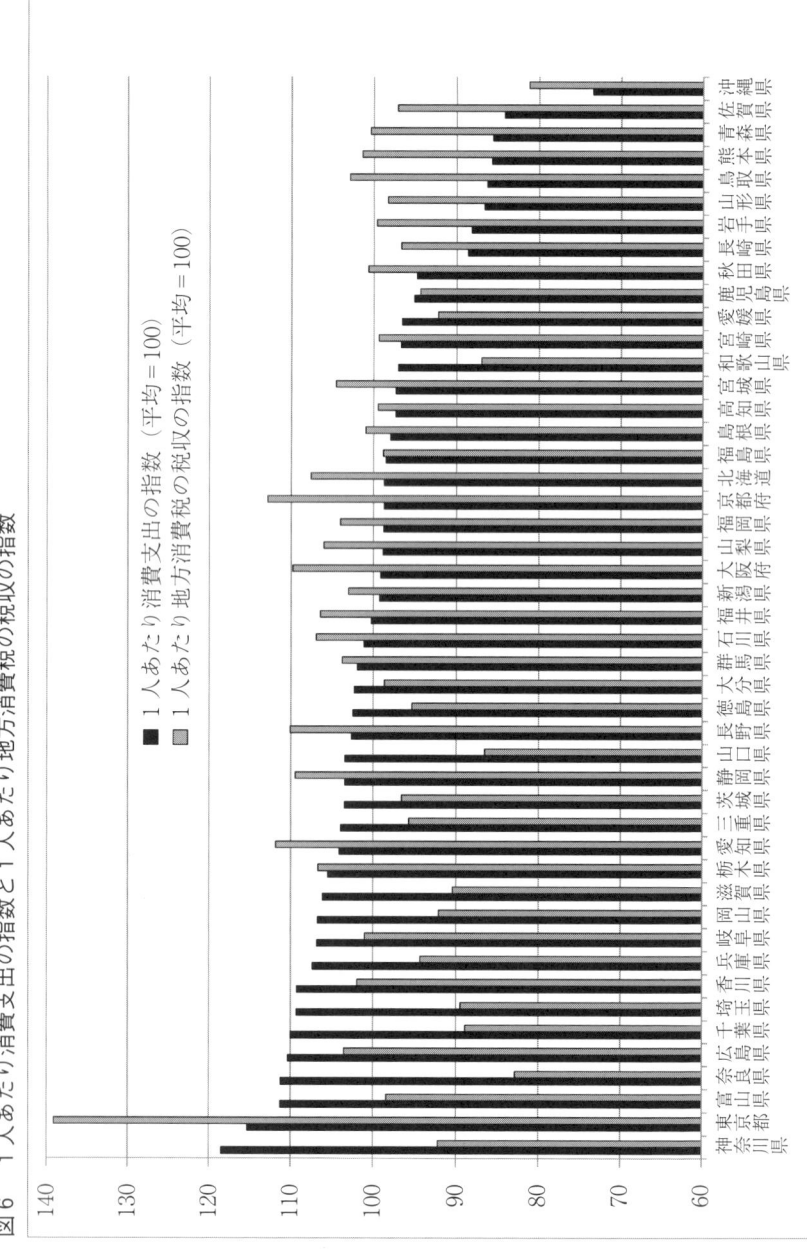

図6 1人あたり消費支出の指数と1人あたり地方消費税の税収の指数

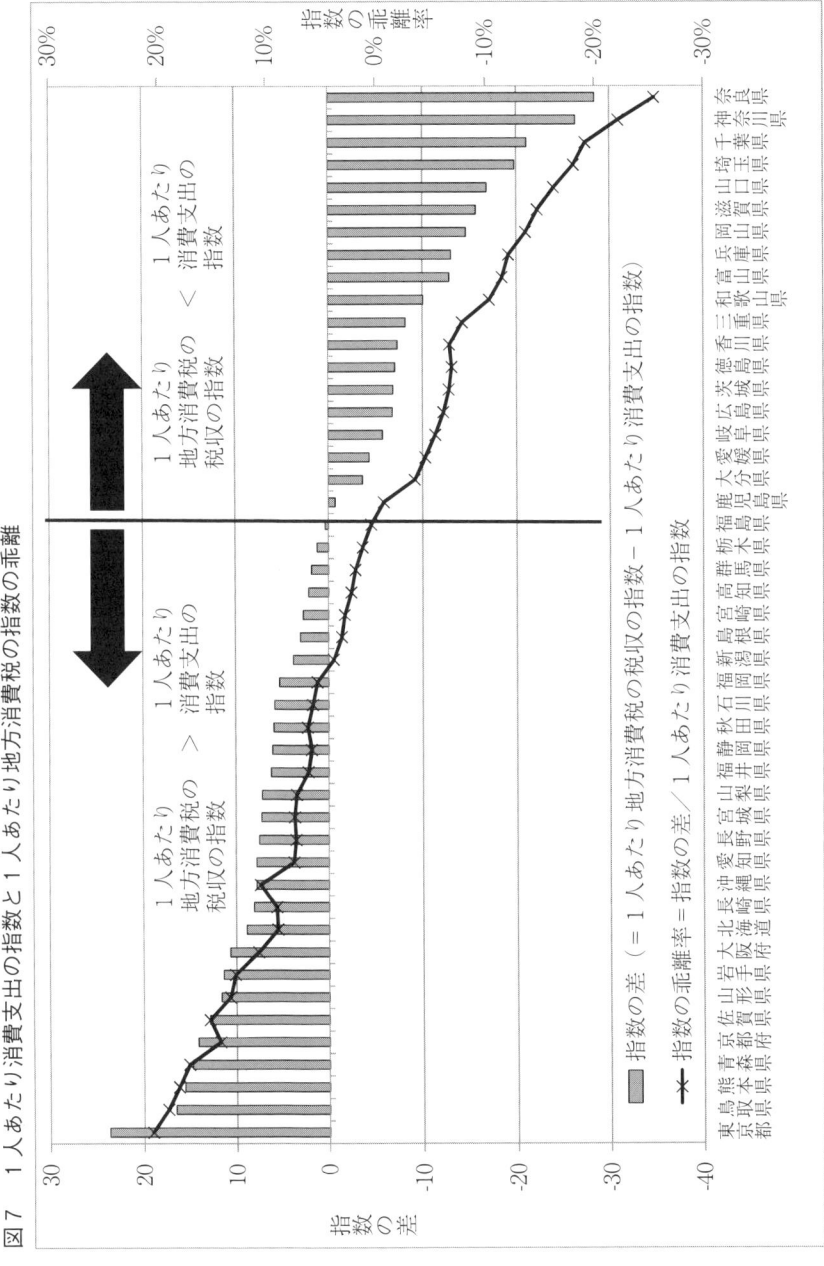

図7 1人あたり消費支出の指数と1人あたり地方消費税の指数の乖離

地方消費税の税収の清算基準が，供給側の「消費」に関する指標を主な基準としており，需要側の家計の消費支出を基準としていないからである。

東京都や大阪府といった大都市は，消費支出よりも多くの地方消費税の税収を得ている。地方の法人課税だけでなく，地方消費税にも都市部とその周辺に税収格差が生じているのである。

このような地方消費税の税収格差の適正化を行うには，どのような政策が考えられるであろうか。

ひとつは，奈良県民は奈良県で，神奈川県民は神奈川県で消費を行うようにすることである。そうすれば，地方消費税の税収は増える。しかしながら，行政が地元での消費をピーアールできても，家計に消費する場所を強制することは難しい。

いまひとつは，地方消費税の清算基準を財・サービスの販売を基準とするのではなく，家計の消費支出を基準とするように変更することである。そうすれば，家計の消費支出と地方消費税の税収における乖離が小さくなる。

実際のところ，家計の消費支出で基準にできる統計を見つけることは容易ではないが，昼夜間人口割合を考慮するなど，家計の消費支出に近似するように，清算基準を見直すことは可能である。

地方自治体の税収格差については，法人課税の地方税に注目しがちだが，地方消費税の税収格差についても，考えておく必要がある。特に今後，消費税の税率の引き上げにともない，地方消費税の税率も引き上げられ，地方消費税の税収も増える。地方消費税の税収格差の適正化に向け，検討することが重要ではないだろうか。

【参考文献】
安藤範行（2012）「地方消費税の充実等による社会保障の安定財源の確保：地方税法及び地方交付税法の一部を改正する法律案」『立法と調査』第333号，pp.64-76。
加藤慶一（2012）「消費税収の使途に関する議論：消費税をめぐる論点③」『調査と情報』第753号。
神奈川県地方税制研究会（2011）『地方消費税に関する報告書』。

財団法人 地方自治情報センター（2008）『地方消費税の清算基準に関する研究会報告書』。
橋本恭之（2013）「地方消費税の改革：清算基準について」『会計検査研究』第47号，pp.55-73。
持田信樹・堀場勇夫・望月正光（2010）『地方消費税の経済学』有斐閣。

---

(1) 「社会保障と税の一体改革」の経緯が地方消費税に与えた影響については，安藤（2012）および加藤（2012）が詳しい。
(2) 貨物割については国の税関に消費税と併せて申告納付となっている。
(3) 地方税計および個人住民税の1人あたり税収が最大となったのは東京都，最小は沖縄県である。同様に固定資産税の最大は東京都，最小は長崎県。地方法人二税の最大は東京都，最小は奈良県である。
(4) たとえば神奈川県地方税制研究会（2011），財団法人地方自治情報センター（2008），持田・堀場・望月（2010），橋本（2013）などを参照。
(5) 地方消費税の清算基準が抱える「クロスボーダー・ショッピング問題」については本稿の補論にて検討する。
(6) 2014年4月末現在の情報である。

地方消費税の清算が生む地域間格差の問題点

帝塚山大学経済学部准教授

竹本　亨
Toru Takemoto

1．はじめに

　平成26年4月1日から消費税の税率が引き上げられた。多額の公債残高や高齢化による社会保障費の増大が予想されるため，増税もやむを得ないという国民的な合意が得られた結果と思われる。さらに，今後の成長戦略や他国との関係から法人税は減税されようとしている。これらから予想されることは，今後の日本の税制において消費課税の比重が上がっていくという流れである。この事は地方財政にも波及しており，消費税とともに地方消費税の税率も引き上げられ，今後さらに引き上げられる予定である。その結果，地方自治体にとっても地方消費税の重みが増していき，いずれは税収に占める割合も住民税を抜く可能性すらある。ところが，これまでの地方税は所得課税（と固定資産税）が中心であったこともあり，一般消費課税である地方消費税とそのシステムについての研究が十分になされてきたとは筆者には思えない[1]。特に，玉岡(2010) が「その地方消費税の比率が上がるとその偏在性が残るので，（途中省略）残ってしまう偏在性をどうするかというのはまだあまり議論されていない」と述べているように，地方自治体間の税収格差（以下では，これを地域間格差と呼ぶ）に関する議論は不十分である。本稿では，地方消費税の性質，特に地域間格差について，現状分析と清算というシステムが格差に与える影響，さらにその問題点について議論する。

　2節で見ていくように地方税は地域間格差が税目によって大きく異なる[2]。

その中で，地方消費税は地域間格差が非常に小さいという特徴を持っている[3]。ただし，これは都道府県が徴収する地方消費税そのものの地域間格差が小さいためではなく，3節で説明する清算というシステムの結果と言える。清算とは，都道府県に一度入った地方消費税の収入額を，ある基準に従って算定した金額となるように都道府県間でやりとりするシステムである。これは，効率性の観点から徴収段階において付加価値税の性質を維持するということと地域間格差の観点から税を最終消費地に帰属させるという二つの要求を同時に満たすために導入されたシステムと言える（3.2節参照）。

ただし，"清算"という言葉が使われているが，現状は水平的財政調整と見なす方が正確であると筆者は考える。この点については3.4節で詳しく述べる。清算が"清算"であるのか，または水平的財政調整であるのかは非常に重要な点である。なぜならば，前者であれば正しい地方消費税収となるようにまさに"清算"を行っているだけで，（小さな技術的改善点を除いて）その配分基準の善し悪しや新たな配分方法を議論することは無意味だという主張も生まれるかもしれない。しかし，後者であれば，清算による効果やより良い配分方法，例えば地域間格差のより少ない配分や高齢化社会に対応した配分など，を議論することを妨げるものはなくなる。

この点に関して，本稿は後者の立場に立っており，清算が地方消費税の地域間格差にどのような影響を与えているのかを分析し，現状の清算における基準や算定式に問題がないのかを議論する。まず，4節では消費を清算の基準として使用する場合には消費を行った人の住所地に消費を帰属させるべきであることを説明し，それと比べて現在の配分が一部の県にとって不公平であることを明らかにする。次に，市町村の歳入となる地方消費税交付金の配分について分析を行う。交付金の財源は都道府県の地方消費税に連動しており，都道府県による地域間格差がそのまま市町村にも影響している。これを全国一律化した場合と現状との違いを分析し，その問題点を明らかにする。これらを通して本稿が主張したい点は，"清算"という言葉に固執することなく，ますます重要となってくる地方消費税を地域間でどのように利用していくかを議論し，その問

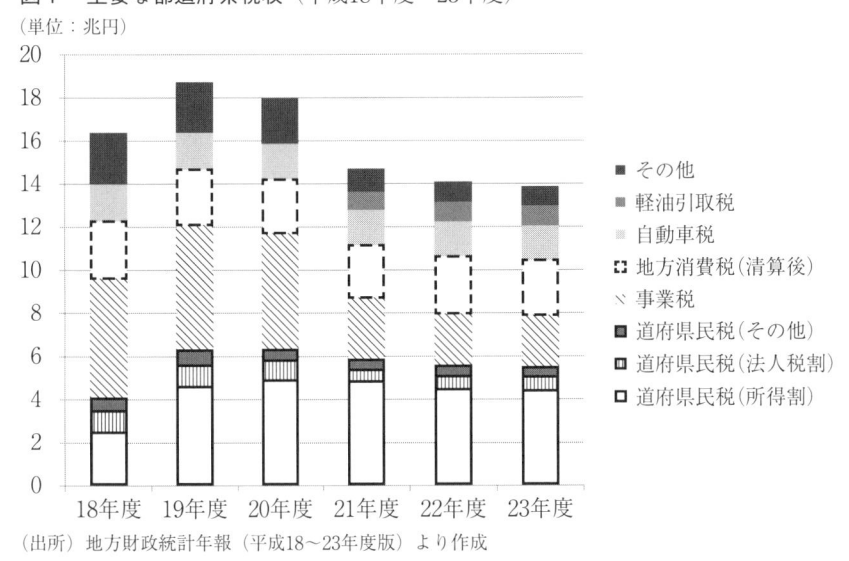

図1　主要な都道府県税収（平成18年度～23年度）

(単位：兆円)

凡例：
- その他
- 軽油引取税
- 自動車税
- 地方消費税(清算後)
- 事業税
- 道府県民税(その他)
- 道府県民税(法人税割)
- 道府県民税(所得割)

(出所）地方財政統計年報（平成18～23年度版）より作成

題点を改善した新しい配分方法へ改革していく必要があるということである。

2．地域間格差の小さい地方消費税

2.1　都道府県の主要な税

図1は，平成18年度～23年度の主要な都道府県税の収入額をグラフにしたものである。太枠で囲まれた下の3つが道府県民税，斜線の部分が事業税，点線で囲まれた部分が地方消費税（清算後）である。道府県民税と事業税，地方消費税が都道府県における主要な税収で，平成23年度では税収総額のそれぞれ39.2％，17.5％，18.5％を占めている。その次に大きな割合を占めているのが自動車税の11.6％，軽油引取税の6.8％である。

主要な3つの税でも道府県民税[4]と地方消費税は税収が安定しているが，事業税は大きく変動していることがわかる。例えば，リーマンショック直前の平成19年度（2007年度）では，事業税の収入額は5兆8,261億円と23年度の約2.4

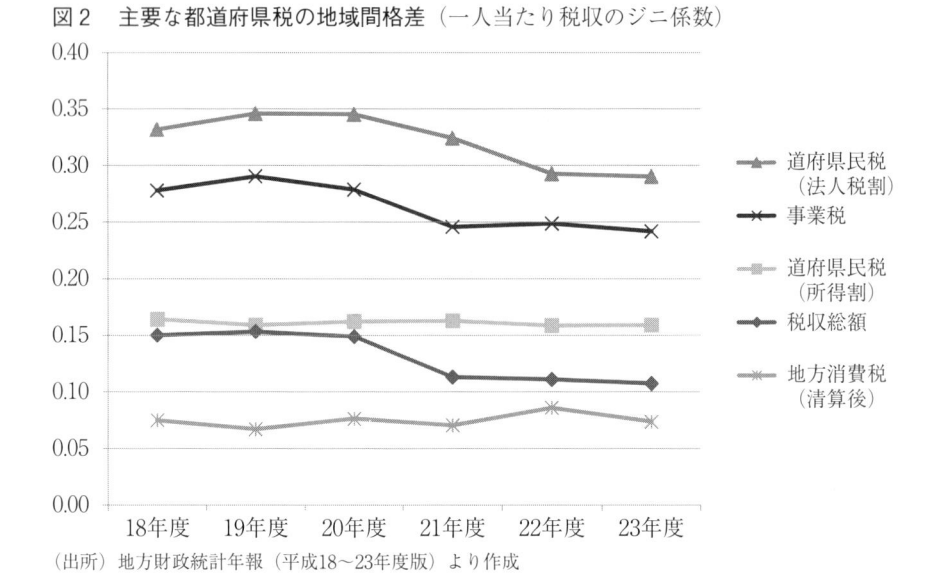

図2　主要な都道府県税の地域間格差（一人当たり税収のジニ係数）

凡例:
- 道府県民税（法人税割）
- 事業税
- 道府県民税（所得割）
- 税収総額
- 地方消費税（清算後）

（出所）地方財政統計年報（平成18～23年度版）より作成

倍である。税収総額に占める割合で見ても、31.2％と23年度の約1.8倍である。金額は小さいが道府県民税の中の法人税割にも同様の傾向が見られる。19年度の1兆355億円に対して、23年度は6,390億円と約1.6倍の開きがある。これらは一般に地方法人二税と言われ、景気に大きく左右されるという特徴がある。図1からも、順調に景気回復していた日本経済が、2008年（平成20年）後半に起こったリーマンショックの影響を大きく受けたことが読み取れる。

このように都道府県の税目の中には、安定的な税と大きく変動する税、特に地方法人二税のように景気に左右される税があることがわかる。さらに、地方法人二税には都道府県間の税収格差が大きいという特徴もある。

2.2　主要な税の地域間格差の違い

前節で説明した主要な都道府県税の平成18年度～23年度の地域間格差を示したグラフが、図2である。これは、税目ごとに一人当たり税収額を計算し[5]、そのジニ係数を求めたものである[6]。ジニ係数は格差を測る指標で、0に近い

ほど格差は小さく，1に近いほど格差は大きいことを表す。例えば，税収総額のジニ係数は0.107～0.153と，地方消費税（清算後）を除く3つの税よりも格差は小さい。

最も格差が大きいのは法人税割で0.290～0.346，次に格差の大きいのは事業税で0.242～0.291である。また，これら地方法人二税のジニ係数は年度間の変動も大きく，平成19年度をピークにしてジニ係数が下がっている。これは，地方法人二税の税収は景気に左右されるため，それが大きかった都道府県ほどリーマンショックの影響を強く受けて税収が大幅に減少し，結果として格差が縮小したためと思われる。つまり，地方法人二税の地域間格差は大きく，また格差の年度間の変動も大きいと言える。

それに対して，道府県民税の中の所得割と地方消費税（清算後）はそれぞれ0.159～0.164と0.067～0.086と格差は小さく，さらに年度間の変動も小さい。そのため，税収総額の年度間の変動は主に地方法人二税が原因と思われる。その事は，図2における税収総額の年度間の変動が地方法人二税のそれとほぼ同じであることからも類推される。

本節の分析をまとめると，地方消費税（清算後）の税収総額は年度間の変動も小さく，またその地域間格差も（他の税と比べて）安定して小さい。この事は，地方消費税が地方税として相応しい特徴を有していると言える。

3．清算というシステム

3.1　地方消費税の収入額

地方消費税の徴収は，国税である消費税に付加される形で行われる。そのため，消費税の課税標準[7]は取引される商品やサービスの価格であるのに対して，地方消費税の課税標準は消費税額である。平成26年4月1日に消費税率が4％から6.3％に引き上げられた際に，地方消費税率も100分の25から63分の17に引き上げられた。これは消費税率に換算して1％から1.7％への引き上げに相当する。

表 1 清算前と後の地方消費税額（平成23年度）

(単位：千円)

	地方消費税収入額			地方消費税	一人当たり収入額			一人当たり
	譲渡割	貨物割		（清算後）	譲渡割	貨物割		（清算後）
北海道	75,979,472	60,018,995	15,960,477	113,426,470	13.9	11.0	2.9	20.7
青森県	13,295,788	12,536,504	759,284	26,736,444	9.6	9.1	0.5	19.3
岩手県	10,078,111	10,045,677	32,434	25,116,090	7.6	7.6	0.0	19.1
宮城県	24,954,803	22,484,523	2,470,280	45,156,294	10.8	9.8	1.1	19.6
秋田県	9,124,510	8,364,163	760,346	20,811,289	8.4	7.7	0.7	19.2
山形県	11,423,563	10,960,660	462,902	21,671,825	9.8	9.4	0.4	18.7
福島県	16,990,532	16,166,544	823,988	37,480,951	8.5	8.1	0.4	18.8
茨城県	38,186,564	26,798,068	11,388,496	55,649,212	12.9	9.1	3.8	18.8
栃木県	19,388,936	19,234,106	154,830	39,667,935	9.7	9.7	0.1	19.9
群馬県	24,880,325	24,756,326	123,999	38,951,696	12.5	12.4	0.1	19.6
埼玉県	60,089,056	59,915,636	173,420	118,421,169	8.4	8.4	0.0	16.6
千葉県	186,935,716	51,228,551	135,707,165	110,422,589	30.4	8.3	22.1	18.0
東京都	759,168,504	693,682,056	65,486,448	353,959,952	59.8	54.6	5.2	27.9
神奈川県	151,040,647	80,597,261	70,443,385	164,108,165	16.9	9.0	7.9	18.4
新潟県	34,002,870	27,856,306	6,146,564	46,678,757	14.4	11.8	2.6	19.7
富山県	17,901,630	16,674,837	1,226,793	20,755,014	16.5	15.3	1.1	19.1
石川県	16,171,408	15,219,085	952,323	23,494,247	14.0	13.2	0.8	20.3
福井県	10,699,083	10,329,966	369,117	15,943,823	13.3	12.9	0.5	19.9
山梨県	7,948,863	7,887,873	60,990	17,126,654	9.3	9.2	0.1	20.0
長野県	22,021,161	21,954,530	66,631	44,225,530	10.3	10.2	0.0	20.6
岐阜県	25,023,771	24,917,075	106,696	39,336,419	12.1	12.0	0.1	19.0
静岡県	47,683,259	40,786,923	6,896,336	77,430,389	12.7	10.9	1.8	20.6

地方消費税の清算が生む地域間格差の問題点　29

愛知県	144,655,397	96,780,463	47,874,934	157,099,092	19.9	13.3	6.6	21.6
三重県	34,565,273	17,233,055	17,332,218	35,999,906	18.8	9.4	9.4	19.6
滋賀県	11,356,477	11,261,756	94,721	23,507,423	8.1	8.1	0.1	16.9
京都府	29,483,997	28,910,627	573,370	53,649,066	11.6	11.4	0.2	21.1
大阪府	260,838,775	181,812,057	79,026,718	188,297,479	30.1	20.9	9.1	21.7
兵庫県	106,828,337	57,628,632	49,199,705	103,028,291	19.2	10.3	8.8	18.5
奈良県	7,124,710	7,122,881	1,829	21,396,194	**5.1**	**5.1**	**0.0**	**15.3**
和歌山県	12,570,619	8,635,370	3,935,249	17,084,156	12.3	8.5	3.9	16.8
鳥取県	5,442,154	5,184,799	257,355	11,350,602	9.2	8.8	0.4	19.3
島根県	6,885,978	6,533,253	352,725	13,205,299	9.7	9.2	0.5	18.5
岡山県	36,646,438	22,445,657	14,200,781	36,355,672	19.0	11.6	7.4	18.8
広島県	38,399,587	31,466,956	6,932,631	57,267,812	13.5	11.1	2.4	20.1
山口県	32,564,082	15,732,016	16,832,066	26,982,378	22.5	10.9	11.6	18.7
徳島県	6,710,431	6,081,544	628,887	13,851,236	8.5	7.7	0.8	17.6
香川県	19,655,550	14,480,365	5,175,185	20,301,263	19.5	14.4	5.1	20.2
愛媛県	17,751,546	12,514,248	5,237,298	26,218,506	12.3	8.7	3.6	18.2
高知県	6,732,574	6,571,199	161,375	14,240,032	8.9	8.6	0.2	18.7
福岡県	91,879,393	61,189,099	30,690,294	100,840,329	18.2	12.1	6.1	20.0
佐賀県	8,169,157	7,513,748	655,409	15,432,392	9.6	8.8	0.8	18.1
長崎県	15,146,706	12,691,849	2,454,857	26,061,429	10.6	8.9	1.7	18.2
熊本県	16,363,788	15,879,147	484,641	34,687,388	9.0	8.7	0.3	19.0
大分県	17,593,659	10,931,438	6,662,221	23,528,762	14.7	9.1	5.6	19.7
宮崎県	9,621,782	9,370,977	250,805	21,178,834	8.4	8.2	0.2	18.5
鹿児島県	16,754,272	14,479,689	2,274,583	30,429,088	9.8	8.5	1.3	17.8
沖縄県	13,604,661	11,495,262	2,109,399	21,770,374	9.6	8.1	1.5	15.3

(出所) 地方財政統計年報（平成23年度版）より作成

前節で地方消費税が地域間格差の非常に小さい税であることを説明した。しかし，消費税は付加価値税であり，生産や流通の各段階で販売する企業が，その売上げに対する課税額から仕入れの際に支払った税額を差し引いた額の納税を行っている。そして，その納税地は本店または主たる事務所の所在地とされている。そのため，生産や商業活動が盛んな地域や企業の本社が集まる地域に多くの消費税が集中して納付されることになる。つまり，東京や大阪といった大都市を抱える都道府県の税収がその人口以上に大きくなるはずである。もしそうであれば，消費税とともに徴収される地方消費税の地域間格差は大きいはずである。

　そこで，もう少し詳細に地方消費税の徴収について見てみる。消費税の課税の対象は，「国内において事業者が行った資産の譲渡等（＝事業として対価を得て行われる資産の譲渡，資産の貸付け及び役務の提供）〈国内取引〉及び保税地域から引き取られる外国貨物〈輸入取引〉」（国税庁（2013）より）である。地方消費税もこれと同様であるが，このうち国内取引に課される地方消費税を「譲渡割」，輸入取引に課される地方消費税を「貨物割」という。表1には，平成23年度の各都道府県の譲渡割と貨物割，及びそれぞれの人口で割って一人当たりの金額にしたものが一覧になっている。一人当たりで比べた譲渡割は，東京都や大阪府に加え，愛知県や福岡県，香川県といった地方経済圏の中心となる都道府県で大きな値となっている。一方で，貨物割は千葉県や山口県，三重県といった石油コンビナートを抱える県や，大阪府や神奈川県，兵庫県，福岡県といった大きな国際貿易港や国際空港を抱える府県で大きな値となっている。いずれも地域間格差は小さくないようである。

　そこで，譲渡割と貨物割，さらにそれらを合計した地方消費税収入額の平成18年度と23年度の地域間格差を，前節と同様の方法で算出した。図3がそのグラフである。この3つすべてにおいて，主要な都道府県税の中で最も格差の大きい地方法人二税よりもさらにジニ係数が大きく，特に貨物割は非常に大きな値となっている。この事から，徴収時点での地方消費税の地域間格差が大きいことがわかる。なお，ここで注意されたいのは，本稿のジニ係数は一人当たり

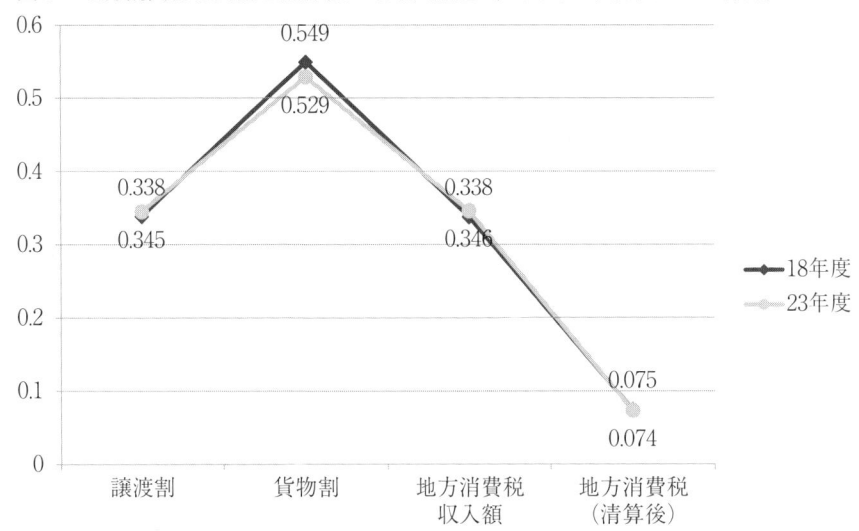

図3 地方消費税収入額と清算後の地域間格差（一人当たり税収のジニ係数）

譲渡割: 0.338 / 0.345
貨物割: 0.549 / 0.529
地方消費税収入額: 0.338 / 0.346
地方消費税（清算後）: 0.075 / 0.074

──◆── 18年度
──◇── 23年度

(出所) 地方財政統計年報（平成18, 23年度版）より作成

の値を人口で重みづけして算出されている点である（注6参照）。つまり，図3が示しているのは，人口が多い県はそれに比例して地方消費税収入額が多いということではなく，人口の違いを考慮したとしても地方消費税収入額に大きな格差が存在しているということである。

個別の都道府県について見てみると，一人当たり地方消費税収入額が最も高いのは東京都の59,800円で，最も低いのは奈良県の5,100円で，11.8倍の開きがある。それが，清算後には最も高い東京都が27,900円（収入額に比べて53.4％の減少）に，最も低い奈良県が15,300円（同200.3％の増加）になり，1.8倍の開きに縮小する。

3.2 地方消費税の清算

これまで説明したように，地方消費税収入額の地域間格差はかなり大きいにも関わらず，実際の都道府県の歳入となる地方消費税（清算後）の格差は逆に小さい。これは，清算という調整が行われているためである。清算とは，各都

道府県の「消費に相当する額」（地方税法第72条の114）に応じて按分された金額をそれぞれの歳入，つまり地方消費税（清算後）とし，それと地方消費税収入額との差額分を都道府県間で調整する制度である。

　各都道府県の地方消費税（清算後）の算出方法は，次の①〜③の合計額である。

① 　全国の地方消費税収入額の4分の3を，各都道府県の「消費に相当する額」の全国シェアに応じて按分する。「消費に相当する額」の全国シェアは，商業統計の小売年間販売額とサービス業基本統計[8]の（サービス業）対個人収入額のそれぞれの全国シェアの平均値である。

② 　同8分の1を，国勢調査人口の全国シェアに応じて按分する。

③ 　同8分の1を，事業所・企業統計[9]における従業者数の全国シェアに応じて按分する。

　要するに，地方消費税はその収入額が歳入となるのではなく，ある基準に従って算定された金額が歳入となるのである。これは，少なくとも形式的には水平的財政調整と同じ構造であると言える。そして，地方消費税（清算後）の地域間格差が小さいのは，この清算という方法に依存していたのである。言い換えると，この清算の方法を変更することで地域間格差を大きくも小さくも変更可能なのである。

　なぜこのような清算という複雑なことが行われているかというと，「取引の各段階の付加価値に対して税収が発生するという「原産地原則」に基づく課税と，「仕向地原則」に基づき最終消費地に税収を帰属させるという2つの観点からの要請を満たす」（財団法人地方自治情報センター（2008）より）ためである。3.1節で説明したように地方消費税は付加価値税である消費税額を課税標準として徴収しているため，地方消費税収入額は付加価値税の特徴を持っている。このことは徴収の効率性という点からは望ましいが，地域間格差という点からは偏在が大きく問題がある。そこで，税の帰属地は「最終消費地」ということにして，地域間格差を小さくしようとしたわけである。その結果，清算というシステムが必要になったのである。

この調整方法としては，貿易における国境税調整と同様に県境税調整というやり方もあり得たが，技術的な困難さ[10]から上記のような統計データを用いたシステムが採用された。これは前述したように統計データを基にして各都道府県の値を算出するため，別の問題が発生する。つまり，統計データがどこまで正確に対象を補足できているかという問題である。さらに，データに基づいて算出するということは，算出対象となる値の定義がきちんとされているのかということも重要となる。実は，地方消費税の場合にも「最終消費地」とはどこを指すのかという重要な点が明確に定義されていないのである。この点については，3.4節で議論する。

3.3 清算による地域間格差の縮小

本小節では，本稿の重要部分に入る前に，もう少し詳細に清算による地域間格差の縮小について見てみる。まずは，全体としての地域間格差を表すジニ係数を確認する。図3で示されたように，平成18年度および23年度の地方消費税収入額のジニ係数はそれぞれ0.338と0.346である。それに対して，両年の地方消費税（清算後）のジニ係数は0.075と0.074となり，清算によって大きく低下していることがわかる。他の税（図2参照）と比較すると，税収総額が0.150と0.107，法人税割が0.332と0.290，事業税が0.278と0.242，所得割が0.164と0.159となっており，地方消費税収入額は他の地方税よりも地域間格差が大きかったのが，この清算によって格差の小さい歳入となったことがわかる。

さらに，個々の都道府県について見てみる。図4は，縦軸に一人当たり地方消費税（清算後）を，横軸に一人当たり地方消費税収入額をとり，各都道府県の平成23年度の値をプロットした散布図である。清算前には一人当たりの金額が5,100円（奈良県）～59,800円（東京都）であったのが，清算後には15,300円（同）～27,900円（同）にその範囲が小さくなっていることがわかる。図4にある45度の線よりも右下の領域は，清算によって一人当たりの金額が減少していることを，左上の領域は増加していることを示している。同年度の全国の一人当たり地方消費税収入額は20,100円で，これを上回るのは東京都と千葉県

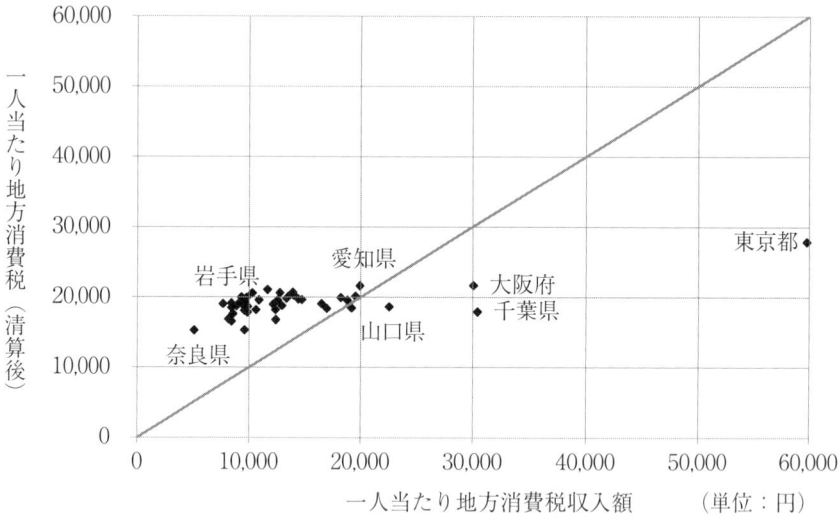

図4 各都道府県の清算の効果（平成23年度）

（出所）地方財政統計年報（平成23年度版）より作成

（30,400円），大阪府（30,100円），山口県（22,500円）の4都府県である（表1参照）。これらは清算によって一人当たりの金額が減少している。逆に，それ以外の道府県のほとんどは一人当たり金額が清算によって増加している[11]。これらからも，清算によって各都道府県の一人当たりの金額が全体としては平均により近くなり，均一化していることがわかる。

3.4 清算は"清算"と言えるのか？

地方消費税の清算が地域間の格差を縮小していることはわかったが，それではこの清算は"清算"と言えるのか，ということを本節の最後に考えていく。これは，現状での清算は単なる"清算"であって再分配ではないため，技術的な小さな改善を除いて，その方法は絶対であって変更することはできないという主張がなされることがあるからである。

まず，通常の意味での"清算"とは，本来帰属すべき税額と徴収額との間に差が発生しており，それを調整するために差額を都道府県間で相互に受け渡す

という意味であると考えられる。ここで注目すべきなのは，税は「最終消費地」に帰属するという点である。そして，3.2節で説明した清算の算出式から類推すると，「最終消費地」とは購入された場所ということになる。なぜならば，清算における消費の全国シェアの算出は商業統計とサービス業基本統計に基づいており，これらは共に供給側のデータだからである。

ところが，財団法人地方自治情報センター（2008）は，「『購入地』と実際に商品等を使用（消費）した場所が異なる場合に，税収の帰属先としての『最終消費地』をどのように考えるべきか，すなわち消費の概念には幅があるのではないか」と指摘している。筆者も，購入された場所での消費額に応じた税額こそが唯一絶対の正しい地方消費税額という考えには疑問を抱かざるを得ない。消費が帰属する都道府県としては，購入された場所や消費する場所，消費を行った人の住所地などいくつかの考え方があり，必ずしもどれが選ばれるべきか自明ではないし，国民の合意があるとも思われない。

海外の事例においても，カナダの協調売上税（HST）とアメリカの利用税が参考になり，財団法人地方自治情報センター（2008）は次のように説明している。カナダの協調売上税（HST）では「供給地ルール」が採用されているが，この「供給地」とは必ずしも購入した場所とは限らず，「利用する場所」や「依頼人の住む場所」の場合もある。アメリカの利用税は，州によって異なる売上税の税率の差を調整するために，売上税を導入している全ての州が「居住地」で課している税である。これは売上税の帰属先を決定する考え方ではないが，州外で購入された財に対して「居住地」で課税していることになる。

さらに，現状でもすでに不整合が生じている。それは，外国人旅行者が購入したお土産は国内での消費ではないという理由で地方消費税が免税になっており，購入した場所に帰属するという考え方と矛盾している。

以上の点から，購入された場所での消費額に応じた税額こそが正しい地方消費税額であるという考えに必然性はないと言える。それにもかかわらず，地方消費税の清算システムは購入された場所での消費額に応じて按分されており，この分配は通常の意味での"清算"とは言えず，再分配あるいは水平的財政調

整という方が正確である[12]。よって，清算による効果を分析し，配分方法の改善案，例えば地域間格差のより少ない配分や高齢化社会に対応した配分など，を議論することを妨げるものは何も無いと言える。

4．清算の問題点①：消費に占める県外消費の割合

4.1　消費を基準とする場合の正当性

　前節で述べたように，地方消費税の清算というシステムは通常の意味での"清算"とは異なり，ある基準に従った再分配または水平的財政調整と言える。そのため，清算において地方消費税額を決める基準や算定式も絶対的なものではなく，これで良いのかという議論の対象となり得る。本節では，この基準が「消費」であることに正当性はあるのか，という点から議論を始めたい。なお，一部のデータについて入手できる最新年が平成21年のため，ここからは平成21年度の地方消費税について分析を行う[13]。

　まず，応能性からすると地方税は住民の所得に課すべきであるというのが一つの考え方である。そして，もう一つの重要な点が消費と所得は密接に関係しているということである。消費を賄っているのはその人の所得であることを考えれば，所得が入口で消費が出口であって，この2つは等しい。もちろん，ある瞬間を考えると入ってきた所得がすべて消費に回るのではなく貯蓄もされるのだが，その貯蓄もいずれは消費に回る。つまり，個人の一生涯まで広げて考えると，所得と消費は必ず等しくなる。この事は，労働所得課税と一般消費課税は同じ経済的な効果を持つという経済学の命題にも通じている（詳しくは井堀（2006）などを参照）。それは，財政改善や高齢化による社会保障費を賄うために，所得税や住民税ではなく消費税や地方消費税といった一般消費課税が引き上げられ，今後さらに引き上げられようとしていることとも関連する。もちろん，所得課税の強化は高齢者世代よりも現役世代に重い負担となり，さらに今後の高齢化と現役世代の減少の中にあっては，そのような現役世代に偏重した増税は難しいという技術的な面もあるだろう。しかし，それだけが理由で

あれば，消費税は増税しやすいから選ばれたということになり，国民の理解を得にくいと思われる。

　要するに，一般消費課税は形式的には「消費」に課されているのだが，実質的には人々の所得に課されていると考えるべきである。そのため，地方消費税を「消費」を基準にして配分するという考え方に一つの正当性が与えられるのである。

　次に考えなければならないのは，この「消費」が帰属する都道府県は，購入された場所と消費する場所，消費を行った人の住所地のどれであるべきなのかということである。それを考える上で重要なことは，人々の「所得と消費は等しい」という点である。そして，これが（人々の住む）都道府県ベースでも成り立つためには，「最終消費地」の定義が「消費を行った人の住所地」でなければならない。しかし，現在の清算は必ずしもそのようになっていない。前節でも指摘したように，消費の全国シェアの算出に使用される商業統計とサービス業基本統計は供給側のデータであり，現状での清算は「購入された場所の消費」を基準にしていることになる。例えば，横浜に住む人が東京の店で服を購入すると，これは東京都の消費として計上され，その人が住む神奈川県の消費には計上されないのである。この場合，神奈川県に住む人々の所得と販売店のデータに基づく彼らの消費は，仮に貯蓄がゼロであったとしても一致しない。つまり，神奈川県にある販売店での消費額ではなく，神奈川県に住む人々が消費した金額に基づいて清算が行われる必要がある。そのようにしてこそ，清算は上記の正当性を持つことになる。

4.2　県外消費の影響

　前小節では，その地域で消費のために販売された金額（以下では，これを消費販売額と呼ぶ）とそこに住む人々が行った消費支出の金額（以下では，これを消費支出額と呼ぶ）は一致せず，人々の所得と密接に関連しているのは後者の方であることを理論的に述べた。しかし，理論的にはそうであっても実際の２つの差は大きくなく[14]，大小の順位が入れ替わるなどということも起こって

表2　相関係数（平成21年度）

	一人当たり 可処分所得	一人当たり 消費支出
一人当たり消費支出	0.787	－
一人当たり地方消費税 （清算後）	0.534	0.237

いなければ，全国シェアを算出する上では無視できる問題かもしれない。

　同様の問題意識を持った先行研究に，橋本（2013）がある。橋本（2013）は需要者側の統計データである『平成21年全国消費実態調査』を用いて各都道府県の消費支出額の全国シェアを算出し，地方消費税（清算後）の全国シェアとの乖離の程度を分析している。その結果によると，東京都の地方消費税（清算後）の全国シェアは14.30％であるのに対して，消費支出額のシェアは11.14％に低下する。逆に神奈川県は，6.44％が7.87％に上昇する[15]。この分析結果からも都道府県別の消費販売額と消費支出額は異なることが示唆される。

　それでは，異なる二つのうち消費販売額よりも消費支出額の方が所得との関連が高いということが，データからも裏付けられるのか分析する。さらに，消費販売額と所得の関連が小さくなるのは，県外消費がその原因（少なくともその1つ[16]）であると言えるのか詳しく見てみる。

　まず，各都道府県の地方消費税（清算後）と，それぞれの所得額や消費支出額との関係を見てみる。内閣府の『県民経済計算』に掲載されている家計（個人企業を含む）の平成21年度県民可処分所得を住民基本台帳人口で除し，一人当たり可処分所得を算出する。そして，『平成21年全国消費実態調査』に掲載されている都道府県別総世帯の1世帯当たり1か月間の消費支出を世帯人員で除し，一人当たり消費支出を算出する。これらと一人当たり地方消費税（清算後）の相関を示したのが，表2である。まずは，地方消費税（清算後）と可処分所得との相関（0.534）が消費支出とのそれ（0.787）よりも小さいことがわかる。そして，地方消費税（清算後）と消費支出との相関は0.237と，両方の

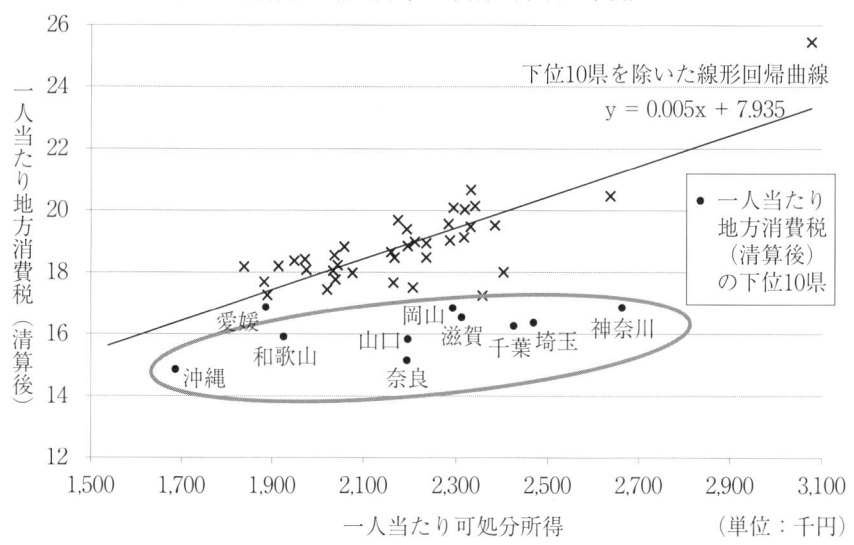

図5 可処分所得と地方消費税（清算後）の関係（平成21年度）

[図：縦軸 一人当たり地方消費税（清算後）、横軸 一人当たり可処分所得の散布図。下位10県を除いた線形回帰曲線 y = 0.005x + 7.935。下位10県：沖縄、愛媛、和歌山、山口、岡山、奈良、滋賀、千葉、埼玉、神奈川。単位：千円]

（出所）地方財政統計年報（平成21年度版）および県民経済計算より作成

可処分所得との相関よりもさらに小さい。以上の結果から，データからも消費販売額よりも消費支出額の方が可処分所得との相関が高いと言える。

次に，より詳細に一人当たり地方消費税（清算後）と一人当たり可処分所得の関係を見てみる。図5は，縦軸に一人当たり地方消費税（清算後）を，横軸に一人当たり可処分所得をとり，各都道府県の平成21年度の値をプロットした散布図である。ただし，一人当たり地方消費税（清算後）の下位10県を●で，それ以外を×で表し，後者のみの線形回帰曲線を付記した。多くの×が右上がりの線形回帰曲線の近くに存在しており，これらの地方消費税（清算後）と可処分所得がかなり相関していることが示唆される。それに対して，愛媛県を除いた下位10県は線形回帰曲線から大きく離れている。例えば，一人当たり可処分所得が近い神奈川県と愛知県を比べると，一人当たり地方消費税（清算後）は20,500円と16,900円と2割ほどの開きがある。同様に，奈良県の場合も15,200円に対して17,500〜19,700円と大きな開きがある。

そもそも奈良県にしても一人当たり可処分所得は全国の中位に位置しており，

表3　県外消費の割合の高い県と低い県（平成21年）

割合の高い県		割合の低い県	
奈良県	15.9%	沖縄県	1.5%
埼玉県	13.4%	北海道	1.6%
神奈川県	13.0%	青森県	2.5%
茨城県	11.2%	秋田県	3.6%
滋賀県	11.2%	山形県	3.9%
		全国	8.3%

（出所）平成21年全国消費実態調査の二人以上世帯より作成

　必ずしも可処分所得が低いというわけではないが，一人当たり地方消費税（清算後）は全国最低である。さらに，神奈川県は一人当たり可処分所得が東京都に次いで全国2位であるにも関わらず，一人当たり地方消費税（清算後）は下位10県に含まれる。それ以外の下位10県についても，愛媛県と沖縄県以外は順位が大きく入れ替わり，下位となっている。要するに図5からは，一人当たり地方消費税（清算後）は多くの道府県では一人当たり可処分所得に比例しているが，少なくとも下位の県については可処分所得以外に無視できない要因が存在することが示唆される。

　それでは，これらの9県にはどのような特徴があるのだろうか。可処分所得と高い相関がある消費支出額とそうでない消費販売額の主な差は，人々の県外での消費が原因の1つと考えられる。そこで，『平成21年全国消費実態調査』の二人以上の世帯について，購入地域別1世帯当たり1か月間の消費支出における県外消費の割合を算出した。この割合の高い県と低い県の一覧が表3である。茨城県を除き，すべてが図5の地方消費税（清算後）の下位10県に含まれる。さらに，沖縄県と和歌山県を除き，残りの県も県外消費の割合は上位であった。以上の点からも，やはり県外消費が原因でその可処分所得に比べて地方消費税（清算後）が低くなっている可能性がある。

　そこで，一人当たり地方消費税（清算後）を被説明変数とする回帰分析を行った。説明変数としては，一人当たり可処分所得と県外消費の割合とした。

表4 地方消費税(清算後)に関する回帰分析の結果

	モデル1	モデル2	モデル3	モデル4
一人当たり県民可処分所得	5.492 *** (6.271)	5.711 *** (6.406)	3.632 *** (4.165)	3.796 *** (4.240)
県外消費の割合	−29.004 *** (−4.090)	−30.356 *** (−4.190)		
年少人口割合	−0.352 *** (−1.851)		−0.432 * (−1.961)	
定数項	13.014 *** (4.020)	7.927 *** (4.507)	16.113 *** (4.394)	9.982 *** (5.054)
観測値数	47	47	47	47
Adjusted R^2	0.494	0.466	0.313	0.286

注) 括弧内の数値はt値である。***,*はそれぞれ1％水準,10％水準で有意であることを示している。

さらに,人口における年齢構成の違いが影響している可能性もあるため,年少人口割合(=全人口に占める15歳未満人口の割合)も説明変数に加えた。データは,上記の『地方財政統計年報(平成21年版)』と『県民経済計算』,『平成21年全国消費実態調査』から作成したものに加え,内閣府の『社会生活統計指標-都道府県の指標-2011』に掲載されている平成21年度の都道府県別年少人口割合である。表4が,回帰分析の結果である。すべてのモデルで一人当たり可処分所得の係数は正で,1％水準で有意である。これは一人当たり可処分所得が高いほど一人当たり地方消費税(清算後)も高いことを示している。また,すべてのモデルで県外消費の割合の係数は負で,1％水準で有意である。これは県外消費の割合が高いと,一人当たり地方消費税(清算後)が下がることを示している。例えば,もし奈良県の県外消費の割合が全国平均と同じ8.3％であったならば,理論的には約14％,金額にして2,200円ほど一人当たり地方消費税(清算後)が増加することになる。

筆者は必ずしも「消費」を基準にした清算が最善であると主張しているわけではない。ただし,仮に「消費」を基準にするのであれば,県外消費を無視し

て消費販売額を用いた現在の清算には問題が多いと考えている。特に，一人当たり地方消費税（清算後）の下位の県はその所得水準に比べて不公平な配分を受けていると言え，現行の制度を維持するのであれば早急な改善が望まれる。

5．清算の問題点②：都道府県の違いが生む市町村の格差

5.1　市町村への交付金のしくみ

　本節では，市町村にとっての地方消費税の問題を考える。各都道府県の地方消費税（清算後）の2分の1は，地方消費税交付金として市町村へ交付される。各市町村の地方消費税交付金額の算出方法は，次の①と②の合計額である。
- ①　各都道府県における財源（＝地方消費税（清算後）の2分の1）の2分の1を，各市町村の国勢調査人口の県内シェアに応じて按分する。
- ②　同2分の1を，事業所・企業統計[17]における従業者数の県内シェアに応じて按分する。

　要するに，地方消費税交付金は人口と従業者数に比例している。そのため，消費によって按分される都道府県の地方消費税（清算後）とは異なる基準と言える。それでは，この交付金は補助金と考えるべきなのだろうか，それとも譲与税と考えるべきなのだろうか。もし補助金とすれば，一人当たりを均等化しようとしており，財政調整の役割を担っていると言えるだろう。仮に地方譲与税としても，地方税には一般的な住民サービスの対価という意味があり，負担分任という地方税の租税原則を考えるとこのような基準にも正当性があると思われる。いずれにしろ，人口と従業者数に比例していること自体は合理的と言えるだろう。

　ところが，仮に人口と従業者数がまったく同じ市町村が2つあったとしても，所在している都道府県が異なれば地方消費税交付金の額が大きく異なる可能性がある。これは，市町村が受け取る地方消費税交付金は，その市町村が属している都道府県の地方消費税（清算後）の2分の1を人口と従業者数に応じて按分しているため，人口と従業者数だけでなく都道府県の地方消費税（清算後）

の金額にも依存しているからである．筆者には，この点に何らかの合理性があるようには思われない．そもそも都道府県の地方消費税（清算後）と市町村の地方消費税交付金は配分の基準が異なっており，独立した別のシステムと考えるべきである．それにも関わらず，一部でシステムが連結しており，本来の基準以外の影響を受ける状態となっている．このような複雑なシステムにしてしまうと，配分基準の背後にある考え方が不明確になってしまう．実際，仮に瓜二つの市町村であっても所在する都道府県が異なると受け取る交付金が異なってしまうということを正当化する理由が筆者には思いつかず，これは公平という大原則に反しているとしか考えられない．

5.2 交付金の地域間格差

ここでは，異なる都道府県における地方消費税交付金の格差について見ていく．5.1節で説明した人口と従業者数による配分基準は全国共通で，その点に関しては都道府県による差は生じない．問題はその財源が共通でなく，また人口と従業者数とは異なる基準で都道府県毎に設定されている点にある．その点を明らかにするために，以下のような数値を算出する．

まず，財源の2分の1は各市町村の国勢調査人口の県内シェアで按分されるが，この算出式を以下のように変形する．

$$A \times \frac{n_i}{\sum_{i \in I} n_i} = \frac{A}{\sum_{i \in I} n_i} \times n_i$$

ここで，A は財源の2分の1，n_i は市町村 i の国勢調査人口，$\sum_{i \in I} n_i$ は県の総人口を表す．よって，$\frac{n_i}{\sum_{i \in I} n_i}$ は市町村 i の国勢調査人口の県内シェアとなる．変形した右辺の第一項 $\frac{A}{\sum_{i \in I} n_i}$ は，財源の2分の1を県の総人口で除した値で，これを単位当たり金額（人口基準）と呼ぶことにする．

次に，従業者数による算定式も同様に変形する．

$$A \times \frac{e_i}{\sum_{i \in I} e_i} = \frac{A}{\sum_{i \in I} e_i} \times e_i$$

ここで，e_i は市町村 i の従業者数，$\sum_{i \in I} e_i$ は県内の従業者総数を表す．変形し

表5 地方消費税交付金のシミュレーション結果（平成21年度）

(単位：千円)

	地方消費税交付金総額	単位当たり金額 人口基準	単位当たり金額 従業者基準	シミュレーション結果	変化率 総額	変化率 人口基準	変化率 従業者基準
北海道	56,913,305	5.1	11.8	54,248,846	-4.7%	-1.5%	-7.9%
青森県	13,460,153	4.7	11.6	13,444,558	-0.1%	6.3%	-6.6%
岩手県	12,588,831	4.5	10.5	13,412,851	6.5%	9.6%	3.5%
宮城県	23,364,314	4.9	10.9	23,338,496	-0.1%	0.6%	-0.9%
秋田県	10,485,212	4.6	10.7	11,001,366	4.9%	8.8%	1.0%
山形県	10,971,958	4.5	10.1	11,941,448	8.8%	10.4%	7.3%
福島県	19,098,269	4.6	10.5	20,311,775	6.4%	9.1%	3.6%
茨城県	27,677,487	4.7	10.9	28,640,611	3.5%	7.1%	-0.1%
栃木県	20,063,421	5.0	10.9	20,053,893	0.0%	0.1%	-0.2%
群馬県	19,556,898	4.8	10.2	20,457,992	4.6%	3.1%	6.1%
埼玉県	59,301,103	4.2	11.6	63,005,964	6.2%	18.5%	-6.0%
千葉県	54,187,103	4.5	13.2	52,449,448	-3.2%	11.3%	-17.8%
東京都	175,835,628	7.0	10.1	156,995,668	-10.7%	-28.7%	7.3%
神奈川県	81,463,272	4.6	12.2	79,967,118	-1.8%	7.5%	-11.2%
新潟県	23,462,290	4.8	10.4	24,408,163	4.0%	3.2%	4.8%
富山県	10,553,576	4.7	9.4	11,633,085	10.2%	4.9%	15.5%
石川県	11,790,524	5.0	10.2	12,122,043	2.8%	-0.8%	6.4%
福井県	8,047,106	4.9	10.0	8,481,885	5.4%	1.7%	9.1%
山梨県	8,606,169	4.9	10.9	8,706,885	1.2%	2.4%	0.0%
長野県	22,242,728	5.1	11.0	21,888,817	-1.6%	-1.6%	-1.5%
岐阜県	19,763,820	4.7	10.4	20,844,907	5.5%	6.2%	4.7%
静岡県	39,063,012	5.2	10.7	38,702,916	-0.9%	-3.3%	1.4%

地方消費税の清算が生む地域間格差の問題点　45

愛知県	78,406,914	5.4	10.4	76,981,662	-1.8	-7.8%	4.2%
三重県	17,611,352	4.7	10.6	18,350,549	4.2	5.6%	2.8%
滋賀県	11,751,614	4.3	9.7	13,481,265	14.7	17.0%	12.4%
京都府	26,873,210	5.1	11.5	25,890,555	-3.7	-1.9%	-5.5%
大阪府	93,284,701	5.3	10.5	92,233,465	-1.1	-5.8%	3.6%
兵庫県	51,016,293	4.6	11.2	52,665,368	3.2	9.2%	-2.7%
奈良県	10,926,682	**3.8**	11.7	12,128,568	11.0	**29.6%**	-7.6%
和歌山県	8,636,371	4.2	10.8	9,506,925	10.1	19.5%	0.7%
鳥取県	5,741,956	4.7	11.0	5,862,391	2.1	5.3%	-1.1%
島根県	6,650,891	4.5	10.0	7,315,997	10.0	11.2%	8.8%
岡山県	18,092,967	4.6	10.7	18,886,355	4.4	7.8%	1.0%
広島県	28,179,340	4.9	10.5	28,940,932	2.7	1.7%	3.7%
山口県	13,070,410	4.4	10.0	14,513,334	11.0	13.8%	8.3%
徳島県	7,119,353	4.4	10.7	7,656,629	7.5	13.3%	1.8%
香川県	10,121,888	5.0	10.9	10,076,657	-0.4	-0.4%	-0.5%
愛媛県	12,820,226	4.4	10.5	13,929,774	8.7	14.1%	3.3%
高知県	7,212,797	4.5	11.3	7,441,649	3.2	10.0%	-3.6%
福岡県	50,025,190	5.0	11.3	49,215,531	-1.6	0.6%	-3.8%
佐賀県	7,811,444	4.5	10.3	8,413,445	7.7	10.5%	4.9%
長崎県	13,141,530	4.4	11.0	13,824,705	5.2	12.1%	-1.7%
熊本県	17,429,390	4.7	11.6	17,327,048	-0.6	5.3%	-6.5%
大分県	11,723,298	4.8	11.1	11,757,187	0.3	2.8%	-2.2%
宮崎県	10,675,085	4.6	11.0	11,012,167	3.2	7.6%	-1.3%
鹿児島県	15,253,829	4.4	10.7	16,501,435	8.2	14.5%	1.9%
沖縄県	10,729,022	3.9	9.6	12,829,602	**19.6%**	26.4%	12.7%

た右辺の第一項 $\frac{A}{\sum_{i \in I} e_i}$ は，財源の2分の1を県内の従業者総数で除した値で，これを単位当たり金額（従業者基準）と呼ぶことにする。

　上記のように変形すると，仮に同じ人口と従業者数であっても所在する都道府県が異なると地方消費税交付金が異なるのは，この単位当たり金額（人口基準）と単位当たり金額（従業者基準）が都道府県によって異なるからとわかる。そこで，表5に各都道府県の単位当たり金額（人口基準）と単位当たり金額（従業者基準）を一覧にした。単位当たり金額（人口基準）が最も大きいのが東京都（7,000円）で，最も小さいのが奈良県（3,800円）で，両者には1.8倍の開きがある。一方，単位当たり金額（従業者基準）が最も大きいのが千葉県（13,200円）で，最も小さいのが富山県（9,400円）で，両者には1.4倍の開きがある。

　最後に，財源を全国で共通にした場合をシミュレーションする。全国一律化の場合には，単位当たり金額（人口基準）は5,000円となり，単位当たり金額（従業者基準）は10,900円となる。これにそれぞれの人口と従業者数を掛けると各市町村のシミュレーションした値が算出できる。表5には，都道府県毎に合算した交付金総額を示した。それによると，最も総額が減少するのは東京都（現在の交付金に比べて10.7％の減少）で，最も増加するのが沖縄県（同19.6％の増加）である。このように変化する要因は，単位当たり金額（人口基準）の変化と単位当たり金額（従業者基準）の変化の2つに分けられる。そこで，財源を共通にすることで各都道府県に関してそれぞれが現状と比べてどの程度変化したかを，表5に示した。

　シミュレーション結果からは，一人当たり地方消費税（清算後）の下位10県に含まれた沖縄県，滋賀県，奈良県，山口県，和歌山県で10％以上の増加となる一方で，同じ下位10県でも神奈川県や千葉県では逆に減少するというような，全国一律化の複雑な影響が明らかとなった。奈良県を例にもう少し詳しく見てみると，単位当たり金額（人口基準）は全国一律化で29.6％も増額となるが，逆に単位当たり金額（従業者基準）は7.6％の減額となっており，結果として交付金総額は11.0％の増加になっている。さらに，同じ奈良県内でも交付金総

額の増加率は市町村によって異なり，最大が16.7％であるのに対して最小は4.8％と3.5倍の開きが生じた。この状況は他の都道府県でも同じで，これは全国一律化による単位当たり金額（人口基準）と単位当たり金額（従業者基準）の変化が異なるとともに，市町村によって人口と従業者数の比が異なることが原因である。このように全国一律化を行うと同じ都道府県内でも市町村によって異なる影響を受けることになる。以上の分析から，現状の地方消費税交付金は所在する都道府県によって配分額が大きく異なるという不公平な制度であると言えるだろう。

6．政策提言

　本稿では地方消費税の清算に着目し，このシステムが地域間格差に与えている影響を明らかにした。その結果は，法人二税よりも地域間格差の大きかった地方消費税収入額が清算によって主要な税目の中で最も格差の低い税収となっているということであった。このように，地方消費税は地域間格差という点から概ねすばらしい特徴を有しているように思われる。しかしながら，一部の県にとってその所得水準に比べて不利な配分がなされていることもわかった。
　この清算が本来あるべき地方消費税額と徴収額を"清算"しているだけであれば，このような格差も仕方ないという主張もあり得るかもしれない。しかし，地方消費税収の帰属先としての「最終消費地」の定義が明確でないため，現状での清算はその名称と違い，単なる"清算"とは言えない。そのため，清算における配分の基準や算定式も絶対的なものではなく，何らかの問題点があればそれについて現状分析を行い，その改善点を議論すべきである。
　そこで，まずは5節で明らかにした市町村への地方交付税交付金の問題について意見を述べたい。これは，すでに述べたように都道府県間の地方消費税の格差がそのまま影響しており，不公平とさえ言える制度である。人口と従業者で按分するという基準自体は財政調整として十分に合理的と思われるので，まずは財源を全国で共通化するなどの改革を行うことで不公平は改善されると思

われる。その上で，高齢化に対応した新たな基準への変更といった点も議論の対象となるかもしれないが，地方交付税制度との整合性を考えると，現状のようなシンプルなシステムの方が良いと筆者は考える。

　次に都道府県についてである。4節において，現状での清算の基準が供給側のデータに基づいており，一部の県で大きな県外消費が発生している状況では，清算後の地方消費税がその地域の可処分所得とは必ずしも十分にリンクしていないことを明らかにした。需要側のデータに基づいた配分に変更する方が望ましいという意見もあるかもしれないが，そのような統計データを収集するのは困難と思われる。様々な統計データを駆使して県外消費を把握しようとしても，コストの割には効果が少なかったり，恣意性が発生したりする可能性がある。そこで，それよりは直接的に所得を反映した清算基準に変更する方が良いと思われる。例えば，道府県民税所得割を基準にするというのも1つの方法ではないだろうか。もしくは，地方消費税交付金と同じように人口と従業者のみで按分するという方式も一考に値する。さらに，大きな財政需要が発生する高齢化の進展は地域によって一律ではないと予想されるため，高齢者割合を基準に加えることも検討に値すると思われる。いずれにしろ，現状の清算基準を絶対視せず，地方にとってますます重要な財源となる地方消費税を，有効に活用するための配分方法を議論することが求められているのではないだろうか。

【参考文献】
井堀利宏（2006）「財政学（第3版）」新世社。
大村邦彦（2000）「地方分権における財政制度改革―地方消費税の必要性と道州制案の具体的な構想について」『公益事業研究』第51巻第3号，1-9頁。
国税庁（2013）「税務大学校講本　消費税法（平成25年度版）」。
木村収（1997）「地方消費税と地方税制」『経済学雑誌』第98巻第3号，72-98頁。
木村収（2001）「地方税源充実と市町村税の地域格差問題」『京都学園大学経済学部論集』第11巻第2号，27-68頁。
佐藤主光（2003）「地方法人課税改革」『フィナンシャル・レビュー』69,74-94頁。
齊藤愼（1989）「税制改革と地方財源」『都市問題研究』第41巻第4号，94-109頁。
財団法人地方自治情報センター（2008）『地方消費税の清算基準に関する研究会報告書』。

菅原宏太（2000）「地域間税収格差と地方税制」『星陵台論集』第33巻第2号，105-119頁。
政府税制調査会（1994）『平成7年度の税制改正に関する答申』。
玉岡雅之（2010）「地方消費税の今後について」日本租税研究協会編『地方税研究会報告 抜本的税制改革と地方税』，日本租税研究協会。
橋本恭之（2013）「地方消費税の改革 – 清算基準について – 」『会計検査研究』第47号，55-73頁。
持田信樹・堀場勇夫・望月正光『地方消費税の経済学』有斐閣。
渡部尚史（1998）「地方税のジニ係数に対する税目別寄与度」『福山大学経済学論集』第21巻第2号，15-30頁。

---

(1) 地方消費税とその清算を対象とした数少ない包括的な先行研究として持田・堀場・望月（2010）がある。
(2) 地方税の地域間格差に関する研究としては，渡部（1998）や菅原（2000），木村（2001）などがある。
(3) 地方消費税の地域間格差に関する研究としては，齊藤（1989）や木村（1997），大村（2000），木村（2001），佐藤（2003）などがある。
(4) 平成18年度と比べて19年度以降の道府県民税が大きく増加しているが，これは小泉政権の「三位一体の改革」による税源移譲のためである。この税制改革では都道府県と市町村を合わせた住民税の所得割の税率が，それまでの5％，10％，13％の三段階から10％の単一税率に変更された。
(5) 本稿では，人口として住民基本台帳人口を利用する。
(6) 本稿では，以下で定義した「人口で重み付けしたジニ係数」を利用する。特に断らない限り，本稿でいうジニ係数とは人口で重み付けしたジニ係数のことである。
　　定義：地方税 k の人口で重み付けしたジニ係数 GI^k とは次式によって計算される値のことである。
$$GI^k = \frac{\sum_{i \in I}\sum_{j \in I} N_i \times N_j \times |g_i^k - g_j^k|}{2N^2 \mu}$$
ここで N_i は都道府県 i の人口，g_i^k は都道府県 i の地方税 k の税収，N は全国の総人口，$\mu = \sum_{i \in I} N_i g_i / N$ は地方税 k の税収の人口による加重平均を表す。また，I は都道府県全体の集合である。
(7) 課税標準とは，「課税の対象となるものを具体的に金額又は数量で表したもので，税額を計算する基礎となるもの」（国税庁（2013）より）である。例えば，1,000円の商品の場合には，消費税の課税標準は1,000円で，税率6.3％を掛けて税額は63円となる。それに対して地方消費税の課税標準はこの消費税額63円で，それに63分の17を掛けた17円が税額となる。
(8) サービス業基本調査は平成16年を最後とし，平成24年から経済センサス - 活動調査に統

⑼　事業所・企業統計調査は，平成18年を最後とし，平成21年から経済センサスに統合された。そのため，平成23年8月期の地方消費税の清算より，(平成21年) 経済センサス基礎調査における従業者数が使用されている。

⑽　政府税制調査会 (1994) でも，「県境に税関に相当する機関を持たない我が国地方制度の下で，県境税調整を行うことは現実的には極めて困難であると言わざるを得ない。」と指摘されている。

⑾　例外として，兵庫県は一人当たり地方税収入額が19,200円であったのが清算によって18,500円に，岡山県は同19,000円であったのが18,800円にそれぞれ減少している。

⑿　持田・堀場・望月 (2010) は，「現行の清算基準における「消費に相当する額」と，地方消費税の帰属地を決定すべき本来の「最終消費」との間にある乖離は無視できないものである」(21頁) と，本稿と同じ現状認識に立っている。しかし，「清算は，地方交付税が果たしているような地方団体間の財政調整機能のために存在するものではない。」(12頁) と述べており，地域産業連関表を用いたマクロ税収配分方式によってこの乖離を改善すべきと主張している。

⒀　平成23年3月11日の東日本大震災は特定の都道府県や市町村に対しては非常に大きな影響を与えており，マイクロに分析する場合には適切な年度と思われる。

⒁　このようなケースとしては，そもそも県外消費の割合が小さい場合が考えられる。さらに，仮に県外消費の割合が大きかったとしても，それが相互的な可能性がある。前節の例で言えば，東京都に住む人も横浜で服を買い，互いの県外消費の大部分が相殺されてしまって神奈川の消費販売額と消費支出額の差は小さくなるというような場合である。

⒂　橋本 (2013) は「これらのデータは，いずれもサンプル調査であるために，現在使用されている『商業統計』に比べると信頼度が低いとされている」と指摘している。本稿の分析についても同じデータを使用した部分では同様の問題が発生するかもしれないが，回帰分析などで一人当たり地方消費税 (清算後) と県外消費との関連性を明らかにすることは，全国シェアやその差といった絶対水準の推計よりは影響は小さいと考える。

⒃　持田・堀場・望月 (2010) は，それ以外に次の3点を原因として挙げている。①通信や政府部門といった捕捉すべき最終消費が除外されている点，②住宅賃貸料や社会保障といった非課税対象部分が含まれている点，③税が累積している非課税部門の仕入税額が把握できていない点，である。

⒄　事業所・企業統計調査は平成18年を最後とし，平成21年から経済センサス・基礎調査に統合された。そのため，平成23年9月期の地方消費税交付金の交付より，(平成21年) 経済センサス基礎調査における従業者数が使用されている。

所得に対する住民税の課題

関西大学経済学部教授

林　宏昭
Hiroaki Hayashi

はじめに

　2011（平成23）年度の地方財政決算では，歳入の総額は100.1兆円で，そのうち地方税は34.2兆円である。"三割自治"という言葉もあるが，地方財政全体の中で地方税が占める割合は，これまで30〜40％で推移してきている。

　地方税の課税ベースは国税と同様に所得・消費・資産に分けられるが，地方の場合には，ストックとしての不動産（固定資産）に対する課税が設けられているという特徴がある。国税の所得税に相当する個人住民税は，都道府県，市町村それぞれの税収の3分の1程度（合計で約11兆円）を占める基幹的な税である。

　本稿では，この所得割の個人住民税についていくつかの視点から考察を加えることにする。まず，1と2では，租税体系の中で課税ベースとしての個人所得と納税者の状況を確認する。続く3では，"三位一体改革"の一環として2007年に実施された所得割住民税のフラット化の意義について述べる。4では，「市町村税課税状況等の調」（総務省）のデータを用いて，所得階層別，地域別に見た所得割住民税の現状分析を行う。そして5では，現行制度のもとで生じている課題について検討する。

1. 地方税の課税ベースとしての個人所得

　公共部門の財源調達方法としての税体系において，課税ベースは大きく，所得，消費，資産の3つに分類される[1]。それぞれ代表的な税をあげると，所得課税には，国税の所得税，法人税，そして地方税の住民税，事業税[2]，消費課税には，消費税，地方消費税のほか，酒，たばこ，ガソリン等に対する個別間接税，そして資産課税には，相続税と地方税の固定資産税がある。

　図1は，国税と地方税の課税ベースごとの構成を見たものである。もともと，国際比較では日本の租税負担率は低く，図に示した2010年度では，22.1％である。課税ベースごとには，個人および法人の所得が国，地方いずれも約2分の1を占めている。資産に対する課税は，固定資産税のある地方税が中心で，地

図1　租税負担率の内訳

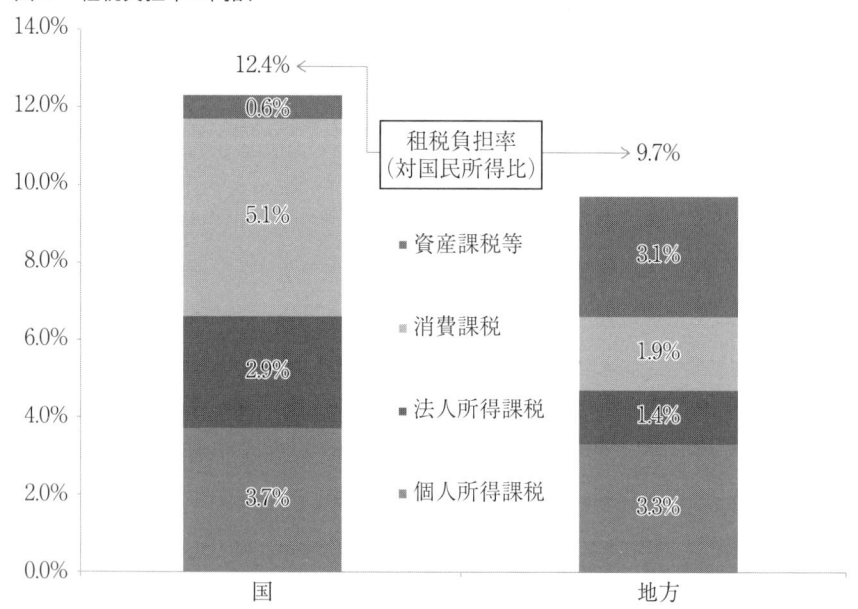

	国	地方
合計	12.4%	9.7%
資産課税等	0.6%	3.1%
消費課税	5.1%	1.9%
法人所得課税	2.9%	1.4%
個人所得課税	3.7%	3.3%

租税負担率（対国民所得比）

出所）財務省ホームページ（http://www.mof.go.jp/tax_policy/summary/condition/022.htm）

方税収の3分の1を占める。よく指摘されるように，日本の税制の特徴は，ヨーロッパ諸国と比較すると直接税の割合が高いことで，これは，消費型の付加価値税である消費税の税率がこれまでのところ5％と低い水準にとどまっていたこともその要因である。ただし，間接税の割合は，消費税が導入される以前の1980年代には30％台であったことを考慮すれば，近年は上昇してきている。これには，消費税の導入や税率の引上げに合わせて，所得税や法人税の減税が実施されたことも影響している。2014年度以降の消費税率の引上げはさらに間接税の拡大に結びつき，税体系全体としてはヨーロッパ型に近づきつつあると言えよう。

　近年，直接税の割合が低下する中で，課税ベースとしての消費支出のウエイトが高まっている。言うまでもなく，消費支出の基本的な源泉は所得である。そうでなければ貯蓄の取り崩しか政府からの給付ということになるが，これらを消費の中心的な源泉とする経済は持続しない。

図2　家計の所得と消費の推移

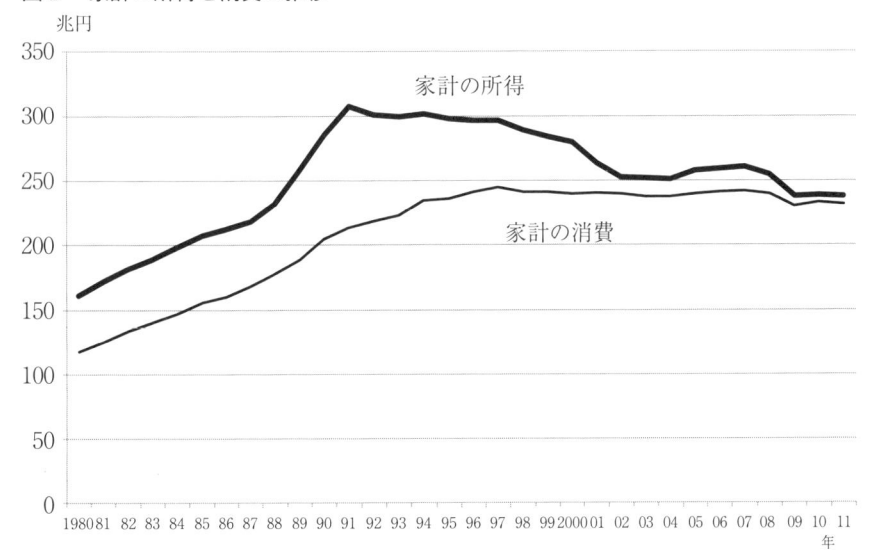

資料：『国民経済計算年報』『国税庁統計年報書』

図2は，家計の所得と消費の推移を示したものである。ここで所得は，国民経済計算で示される雇用者所得と営業所得，財産所得，そして国民経済計算には反映されないが所得税の課税対象となっている土地や株式の譲渡所得の合計である。一方，消費は国民経済計算上の家計最終消費支出の金額である。

　図から明らかなように，1990年代前半のいわゆるバブル期には，所得が消費を大きく上回っている。これに対して，デフレが続き高齢化が進行する2000年代にはいってからは両者の違いは縮小し，所得がわずかに上回るという状況になっている。上記のように消費が所得を上回れば，貯蓄の取り崩し（あるいは借金）で消費を行っていることになり，持続することはできなくなる。その意味では，家計の所得は経済の根幹である。消費税のウエイトが高まるなかで課税ベースとしての消費の重要性は高まるとしても，同時に所得の重要性も極めて高いということである。

2．個人所得に対する住民税

　個人に対する住民税には，所得を課税対象にするものと，均等割とがある。このうち均等割は，都道府県分が年間1,000円，市町村分が3,000円と比較的少額で，2011年度の税収も全国で2,500億円程度にとどまっている。

　所得割の住民税は，所得税とほぼ同じ方式で課税標準を算出し，税率表を適用することで税額が求められる。所得税との大きな違いは，基礎控除，配偶者控除，扶養控除が所得税よりもそれぞれ5万円低いことと，所得税が所得を獲得した年に源泉徴収もしくは翌年2〜3月の確定申告によって税額の算出と納税が行われるのに対して，所得割の住民税は1年間の所得が確定した後，翌年度に納税（源泉徴収）が行われる，いわゆる前年所得課税が実施されていることである。

　都道府県と市町村を合わせた税率は，1980年代までは小刻みな累進構造で，1987年には4.5〜18%の14段階（都道府県2・4%の2段階，市町村2.5〜14の13段階）であった。その後は，消費税導入を柱とした1989年の税制改革で，所

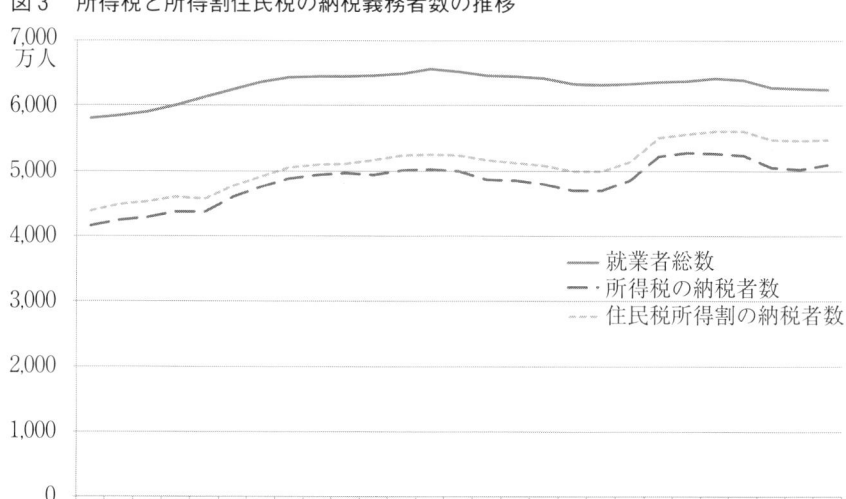

図3 所得税と所得割住民税の納税義務者数の推移

(グラフ：就業者総数、所得税の納税者数、住民税所得割の納税者数、1986年度〜12年度)

備考) 1. 所得税及び住民税所得割の納税者数は，『市町村税課税状況等の調』（総務省自治税務局）による。
2. 就業者総数は，『労働力調査報告』（総務省統計局）による暦年平均数である。
3. 所得税の納税者数と就業者総数は前年の数字。

資料）『財政金融統計月報』第735号。

得税とともに税率の簡素化（フラット化）が行われ，1989年からは，5・10・15％の3段階となる。そして1999年に，所得税と合わせた最高税率を50％に抑えるため，15％が13％に引き下げられる。

2000年代に入ってからの地方財政および国と地方の財政関係を包括的に見なおす，いわゆる"三位一体改革"の実施とともに，個人住民税も大きな変更が加えられる。三位一体改革では，国から地方への補助金の削減，国から地方への税源移譲，そして地方の財源保障の仕組みである地方交付税制度の改革の3つを総合的に展開するものとされ，税源移譲は，2007年に国の所得税から地方の所得割住民税に約3兆円をシフトさせることで実施された。

図3は，所得税と所得割住民税の納税義務者数の推移を示したものである。住民税は前年所得課税であるため，前年の所得税納税義務者と対応することに

なる。

　2012年度の所得割住民税の納税義務者数は5,485万人で，所得税の納税義務者を約400万人上回っている。これは，先に述べたように，住民税の基礎控除等の人的控除が所得税よりも低く設定されていることが要因である。

　1985年以降，日本の就業者は5,800万人から1998年には6,500万人を超えるが，その後は減少傾向を示し，2011年には6,244万人である。一方，所得割住民税の納税義務者は1986年度の4,387万人から1999年度に5,246万人，その後若干の増減をしながら2012年度の5,485万人へと推移している。就業者に対する納税義務者の比率は1985年度に75％程度であったものが2012年度には87％にまで上昇している。

　この納税者の割合の上昇の背景について，いくつかの点を確かめておかなければならない。一つは課税最低限と平均的な所得水準の関係である。

　夫婦子供2人（有業者は1人）の世帯の課税最低限は，1985年度に202.1万円（非課税限度額[3]）であったものが，次第に引き上げられ，2000年度には325万円となる。その後は，配偶者特別控除の上乗せ分の廃止，さらには民主党政権下での高校無償化，子供手当ての給付にともなって扶養控除が縮小されたことから所得割住民税の課税最低限は215万円（2011年度）まで引き下げられた。ただし，生活保護の支給世帯を課税対象から除外するための非課税限度額は271.4万円で，1985年度を比較すると，1.34倍の水準になっている。

　一方，国税庁の『税務統計から見た民間給与の実態』によれば民間の1年を超えて勤務した人の平均給与は1985年に357.1万円であったものが，2012年には408万円と1.14倍の上昇にとどまっている。つまり，1985年と比較すれば2012年には平均的な給与収入の伸び以上に課税最低限が引き上げられていることになり，この点からはむしろ就業者のうち納税義務者となる割合を引き下げる効果がもたらされる内容と見なすことができる[4]。

　次に，1985年以降の就業者の構造を確かめる。先に見たように，就業者数は1998年のピーク後減少し，2011年には6,200万人で，1985年と比較すると400万人程度増加している。一方，1年を超えて勤務した民間給与所得者は，1985年

の3,700万人から2011年には4,500万人超と，ほぼ800万人増加している。この間，日本では農業従事者が減少している。また，自営業者は法人化（いわゆる法人成り）が進む。上記のように所得割住民税の納税義務者は1985年度から2012年にかけて1,000万人以上増加し，就業者に対する納税者の比率も上昇している。このような長期的な変化は，産業構造の変化にともなう給与所得者の増加に加えて，女性の社会進出の拡大による納税者の増加の結果であると考えられる。

　納税義務者の長期的な動向とは別に，2005，2006年度には大幅な納税義務者の増加が生じている。この要因としては次のようなことがあげられる。第1に，2005年度（所得税は2004年）からの公的年金等控除の圧縮，2006年度（同2005年）からの老年者控除の廃止等によって，年金所得に関する課税最低限が引き下げられたことである。第2に，2004年度から上場株式等の譲渡所得課税の源泉分離課税方式が廃止され，源泉徴収の後，申告する納税者が増加したことである。

3．所得割住民税比例税化の意義

　上記のように，所得割住民税の累進性はしだいに緩和され，2007年度からは，都道府県と市町村を合わせて10％の税となった。
　図4は，所得割住民税の比例税率化前後の状況を示したものである。課税所得 a までが5％，a を超えて b までが10％，b を超える額には13％の税率になっていたものが，一律10％へと変更された。この結果，課税所得が a 未満の人は，課税所得×5％，a を超えて b 以下の人は，a×5％の税負担増となる。そして課税所得が b を超えると税負担増は縮小し，(a + b) の人は税負担に変化が生じない。課税所得が (a + b) を超える人にとっては比例税化することで税負担は減少することになる。
　なお，税率の変更は，都道府県分については2％と3％の2段階から一律4％に，市町村分は3％から10％の3段階から6％へと変更された。したがって，

図4　税率比例税化の効果

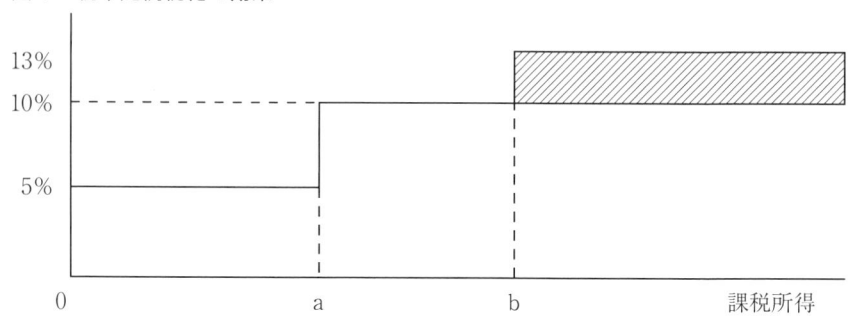

```
13%┤           ┌──────────────────
    │           │▓▓▓▓▓▓▓▓▓▓▓▓▓▓▓▓▓
10%─┼───────────┤▓▓▓▓▓▓▓▓▓▓▓▓▓▓▓▓▓
    │           └──────────────────
 5%─┤───────────┐
    │           │
    0           a           b        課税所得
```

都道府県は全て負担増で，負担の増減が生じるのは市町村においてである。

このような住民税の税率変更と同時に，所得税と住民税を合計した税負担が変わらないように所得税の税率表が改訂され，所得税の最低税率はそれまでの10％から5％に引き下げられた。そして，住民税の課税最低限のほうが所得税よりも低いために税率の変更だけでは調整しきれない者については，住民税に税額控除が適用されることになった。

地方の所得課税である所得割住民税の比例税化は以前より主張されてきており，その根拠としては次の点が指摘されていた。

第1に，地方税としての税源の普遍性に関する指摘である。人が生活し経済活動を営むかぎり，個人の所得は何らかのかたちで発生する。したがって，日本の地方税に求められる条件の一つである各地域で普遍的税源が存在するという点で，所得課税は地方税に相応しいものである。しかしながら，地域の経済力は必ずしも均一ではなく，税源（課税ベース）にも差は生じる。それに加えて，税率構造が累進的なものであれば，たとえば1人当たり所得に2倍の開きがあれば，税収の差は2倍よりも大きなものになる。つまり，税制を介在させることで，税収の地域間格差を実際の経済力格差よりも大きなものにしてしまう。

先の図4で示されたように，税率の比例化は一定の所得水準以下の人が多い地域では増収，それ以上の所得の人の多い地域では減収となり，税収の偏在を

縮小する結果となる。

　所得割住民税の比例税化が望ましいとされた第2の根拠は，地方税収の安定性に関する議論である。地方財政に求められる最も重要な役割は，生活に密着した日常的な行政サービスの提供であり，そのための財源はできるだけ安定した推移をするものが望ましい。しかし，税制が累進的な構造をもっていると経済的な変動による税収の変化の程度は大きくなり，たとえば所得が1％変化すると税収は2％変化するという結果になる。このような所得変動に対応した税収の変化の割合を弾力性と呼ぶが，所得割住民税の比例税化は，この弾力性を1に近づける，つまり，税収の変動を所得と同じ変化率に抑える効果を持つ。

　第3の根拠は，地方財政の機能に関することである。税を徴収し支出を行う財政には，次の3つの役割が期待されている。

① 公共財の供給
② 所得再分配
③ 経済安定

　①の機能は，通常の市場を通じては供給されない，あるいは市場が成立しない公共財は，政府が提供しなければならないということである。具体的には，国民（住民）が，対価の支払いなく等しく受益することが可能で，円滑な社会運営において不可欠な施設やサービスについては，政府が責任を持って供給と財源調達を行わなければならない。

　公共財は，国民（住民）に等しくメリットが及ぶことが1つの前提になっているが，実際には，地域的な広がりには限界がある。たとえば消防や救急サービスは遠く離れていてはメリットはない。多くの公共財（サービス）にはこのような地理的な制約があり，国が全国的に展開するのではなく地方が供給する方が望ましい。

　財政に期待される第2の役割が所得や富の再分配機能である。市場で決定される所得分配は，過度な不平等が生じる可能性もあるし，何らかの事情によって所得を稼得することのできない状況も考えられる。そこで政府には，分配の過度な不平等を是正し，また最低限の所得を保障する制度の構築が求められる

のである。このような再分配に関しては，地域ごとではなく国全体の基準やルールの設定が必要である。たとえば，所得保障を実施する生活保護は，審査や給付の業務は地方で行われているが，給付の基準は国が設定し，その財源的な裏付け[5]も国の責務となっている。

　財政の第3の役割は，失業やインフレーションへといった経済変動を抑制する経済安定機能である。具体的には，財政支出の拡大や増減税を通じた経済活動への介入である。都道府県や市町村は，「地域振興」のかけ声のもとで経済対策を展開することはあるものの，景気対策としての財政政策の検討と実施は基本的には国の役割である。税制については，累進的な構造を持つ所得税や法人税は，経済の変動率以上に税収が増減し，"自動安定効果（ビルト・イン・スタビライザー）"としての効果を発揮する。

　財政に期待される機能をこのように整理すると，地方団体が主に担うべき役割は，地域の公共財の供給であることは明らかである。個人所得課税である所得割住民税が，所得再分配効果を発揮したり，また経済変動に対する自動安定効果としての役割を果たす必要はなく，したがって負担構造に累進性を持たせることの意義は低いということである。

4．「市町村税課税状況等の調」による所得割住民税の現状

(1)　総所得と住民税負担

　地方税に関しては，都道府県と市町村について課税の状況を総務省が取りまとめている。

　個人住民税については，「市町村税課税状況の調」に記載されている。表1は2012年度の市町村分の課税状況をまとめたものである[6]。「市町村税課税状況等の調」は，1719の市町村と23特別区（2012年度末）の全てについて後で見る表1で示されている課税標準段階別に情報を得ることができ，都道府県別には，都道府県ごとに市町村のデータを集計して作成する。所得割住民税の納税義務者は5,485万人で，その総所得金額は172兆3,000億円である。この総所得

表1　所得割市町村民税の状況（2012年度）

区　分	納税義務者数計	総所得金額等	分離長期譲渡所得金額に係る所得金額	分離短期譲渡所得金額に係る所得金額	株式等に係る譲渡所得金額
	人	千円	千円	千円	千円
課税標準額の段階					
市町村民税 10万円以下の金額	2,252,250	1,424,002,313	1,009,051,852	5,674,275	73,523,947
10万円を超え100万円以下	18,433,662	24,971,685,051	373,788,592	2,572,421	38,445,825
100万円 〃 200万円 〃	15,703,600	37,995,132,784	301,227,483	2,278,689	41,758,173
200万円 〃 300万円 〃	8,121,424	30,003,191,390	192,409,106	1,863,067	32,437,618
300万円 〃 400万円 〃	4,426,925	21,937,405,624	135,841,562	1,443,845	29,042,116
400万円 〃 550万円 〃	3,034,021	19,185,638,823	149,837,567	1,920,427	35,226,093
550万円 〃 700万円 〃	1,141,225	9,149,366,607	97,113,440	1,230,795	32,792,508
700万円 〃 1,000万円 〃	885,401	9,023,677,065	125,655,690	1,825,927	51,240,412
1,000万円を超える金額	851,181	18,605,578,529	331,010,339	8,134,108	611,658,740
合　計	54,849,689	172,295,678,186	2,715,935,631	26,943,554	946,125,432

区　分	上場株式等に係る配当所得金額	先物取引に係る雑所得金額	所得控除額	課税標準額	算出税額	税額控除額計
	千円	千円	千円	千円	千円	千円
課税標準額の段階						
市町村民税 10万円以下の金額	1,433,381	8,239,570	1,369,060,387	1,152,864,951	37,135,405	2,759,133
10万円を超え100万円以下	3,443,963	2,841,056	14,636,836,752	10,755,940,156	631,275,913	51,643,054
100万円 〃 200万円 〃	3,999,195	2,882,268	15,285,576,112	23,061,702,238	1,370,119,406	70,119,406
200万円 〃 300万円 〃	2,803,222	3,295,514	10,125,712,319	20,110,287,598	1,197,690,422	45,087,139
300万円 〃 400万円 〃	2,666,905	2,900,945	6,659,315,745	15,449,985,252	920,632,375	15,457,679
400万円 〃 550万円 〃	2,204,881	3,211,865	5,167,223,725	14,210,815,931	845,693,935	6,258,848
550万円 〃 700万円 〃	1,800,618	2,030,861	2,133,814,809	7,150,520,020	424,289,892	2,765,219
700万円 〃 1,000万円 〃	2,386,438	2,342,683	1,741,463,629	7,465,664,586	441,682,687	2,874,150
1,000万円を超える金額	13,168,923	8,153,812	1,792,333,217	17,785,371,234	1,034,298,323	11,230,088
合　計	33,907,526	35,898,332	58,911,336,695	117,143,151,966	6,903,469,423	208,194,716

資料）『市町村課税状況等の調』（平成24年度）。

金額は，給与所得に関しては給与収入額から給与所得控除を差し引いた給与所得金額となる。2012年度（2011年分）の住民税納税義務者の給与収入額は204.4兆円でここから給与所得控除60.3兆円を引いた144.1兆円が総所得金額として算入されている。所得割住民税の税額は，この総所得金額から所得控除を差し引いた課税標準に税率を適用して求められる（算出税額）。なお，市町村の所得割住民税の税率は一律6％であるため，算出税額は課税標準の6％となるが，課税標準額の低い階級では6％を下回る。これは，2007年の所得税から住民税への3兆円のシフトのさい，所得割住民税の税率を10％の比例税化するのに併せて，各納税者の合計の税額が増えないように所得税の税率表を調整したが，住民税のみの負担が発生していたか，もしくは所得税の負担が低く調整しきれない納税者については，住民税の税率変更による負担増を避けるために税額控除を行う措置が講じられたことによる。総所得金額に対する実効税率は，低い階級で2％から3％台，階級が上るにつれて高くなり，課税標準が700〜1,000万円で4.9％，1,000万円超の階級で5.6％となる。

　総所得金額に対する実効税率が若干累進的になるのは，課税標準の算出のために適用される所得控除の相対的な大きさ（総所得金額に対する割合）が，高い階級ほど小さくなるためである。給与所得の算出のための給与所得控除は，給与収入に対する割合が高い階級ほど低くなるため，給与収入に対する負担率で見た累進性はこれよりも強くなる傾向を示す。

　日本の所得税は，その基礎となったシャウプ勧告以降，全ての所得を合算して税率表を適用する総合課税を原則としてきた[7]。しかしその当初より，特に利子所得や配当所得といった金融資産からの所得については非課税や分離課税が適用されており，必ずしも原則通りの運用がなされてきたわけではない。この非課税や分離課税は所得割住民税でも同様に扱われてきた。一方，近年北欧諸国を中心に，資産性の所得を他の勤労所得から分離して課税する"二元的所得税"が金融所得に関してわが国でも検討されるようになっている。

　2014年現在，総合課税とは別に分離課税の対象となっている資産性所得は，不動産の譲渡所得（長期・短期），株式等の譲渡所得，上場株式等の配当所得，

先物取引の譲渡所得（雑所得），そして銀行預金等の利子所得である。このうち不動産の譲渡所得と先物取引からの雑所得については所得税の申告による分離課税の対象となり，利子所得については源泉分離課税のみが行われる。株式関連の譲渡所得と配当については，源泉徴収が行われるが，その後確定申告（簡易申告）を選択して分離課税を行うことも選択できる。

分離課税で源泉徴収された住民税は，それぞれ，利子割，配当割，株式等の譲渡所得割の道府県税となり，配当および譲渡所得については確定申告をした場合には源泉徴収分が税額控除される。したがって，所得割住民税は給与所得等を合算した総所得金額とは別にこれらの資産性所得のうち確定申告された金額が計上されることになる。

(2) 地域ごとの状況

住民税は，地方税であることから，地域間で税源（税収）がどのように偏在しているのかも重要なポイントとなる。表1で示されている総所得金額とそれ以外の資産性の所得について，それぞれ都道府県ごとに納税者数で割った金額を求め，変動係数[8]を算出すると，総所得金額については0.1027であるのに対して，資産性所得の合計額は0.5904であった。資産性所得については，納税義務者全員に対応しているわけではないが，各地域での平均的な所得額という意味でこれを用いている。明らかに資産性所得は地域間で大きなばらつきがあり，このことは地域の財政力の格差にも結びつくものであると考えることができる。

次に，都道府県別に所得の状況を見てみよう。表2は，都道府県ごとの所得の状況を示したものである。総所得金額の平均は314.1万円で，都道府県の平均がこの金額を上回っているのは，首都圏の埼玉県，千葉県，東京都，神奈川県，中京圏の愛知県，そして近畿圏の大阪府，兵庫県，奈良県の8都府県で，それ以外は，平均を下回っている。

所得分配には，都道府県の中でもばらつきは生じる。そこで，各都道府県内の市町村ごとの平均値を用いて，ジニ係数を求めた[9]。全国では，0.387であるが，平均所得の高い東京都では0.436とジニ係数も高くなっている。他に，

表2　都道府県別の所得の状況（2012年度）

	平均総所得金額（千円）	ジニ係数	全国平均を上回る市町村数	全国平均を下回る市町村数
北海道	2763	0.36819	11	168
青森県	2549	0.35663	0	40
岩手県	2574	0.35189	0	33
宮城県	2921	0.37308	2	33
秋田県	2535	0.34855	1	24
山形県	2550	0.34545	0	35
福島県	2694	0.35368	3	56
茨城県	3030	0.36083	10	34
栃木県	2937	0.36386	2	24
群馬県	2873	0.36093	0	35
埼玉県	3216	0.37268	18	45
千葉県	3336	0.38199	16	38
東京都	3948	0.43626	48	14
神奈川県	3611	0.39168	20	13
新潟県	2648	0.34827	0	30
富山県	2770	0.34452	1	14
石川県	2797	0.35736	0	19
福井県	2768	0.35617	0	17
山梨県	2855	0.36345	1	26
長野県	2772	0.35428	1	76
岐阜県	2871	0.36064	1	41
静岡県	2957	0.36611	3	32
愛知県	3314	0.38259	24	30
三重県	3015	0.36432	3	26
滋賀県	3093	0.36557	5	14
京都府	3108	0.39071	5	21
大阪府	3189	0.38616	19	24
兵庫県	3282	0.39100	8	33
奈良県	3294	0.38469	9	30
和歌山県	2869	0.36980	0	30
鳥取県	2557	0.34728	0	19
島根県	2583	0.34235	0	19
岡山県	2827	0.35713	0	27
広島県	2980	0.37015	1	22
山口県	2820	0.35428	0	19
徳島県	2802	0.36428	0	24
香川県	2821	0.36150	1	16
愛媛県	2754	0.36319	0	20
高知県	2610	0.36351	0	34
福岡県	2946	0.38277	4	56
佐賀県	2618	0.35076	0	20
長崎県	2661	0.36401	1	20
熊本県	2668	0.36604	0	45
大分県	2694	0.35791	0	18
宮崎県	2544	0.36366	0	26
鹿児島県	2636	0.36251	0	43
沖縄県	2592	0.38518	2	39
全国	3,141	0.38736	220	1,522

資料）『市町村課税状況等の調』（平成24年度）。

備考）全国の値は、表1のデータより算出した。

神奈川県や近畿の京都府，兵庫県でジニ係数は全国の値を上回っているが，それ以外にも北海道や沖縄県といった地域でジニ係数が高くなっており，県内市町村間で所得分布に大きなばらつきがあることがわかる。

　表2には，各都道府県内で平均総所得金額が全国平均を上回る市町村と下回る市町村の数を示した。全国では上回るのが220団体であるのに対して1,522団体で下回っており，平均値は上位の団体に引っ張られている状況にあることがわかる。

　次に，総所得金額からの算出税額について，同様に納税者1人当たりの金額を求めた結果が表3である。所得割住民税は，比例税率での課税であることから，算出税額の分布状況は，所得金額から諸控除を差し引いた課税標準額の分布とほぼ同じと考えることができる。全国の平均額は12万6,000円で，東京都が突出して高く，首都圏，近畿圏，中京圏の大都市圏で高いことは総所得金額と同様である。

　表1の課税標準額は，総所得金額から所得控除を差し引き，分離課税の対象となっている譲渡所得等の申告額を加えた額である。比例税である一般の税率が適用されるのは，総所得金額から所得控除を差し引いた金額である。そこで，この所得控除の状況を示したのが表4である。

　納税者1人当たりの所得控除額は所得階層が上がるにつれて高くなっている。これは，所得控除には，社会保険料控除のように上限に達するまでは所得に応じて増加するものがあること，そして所得水準が高い納税者ほど扶養人員が多い傾向にあることが要因である[10]。

　ただし，所得水準の上昇につれて所得控除の相対的な割合は低くなる。言いかえると，所得金額に対する課税標準の割合は高所得層ほど高くなることになり，これが所得金額に対する税負担の構造を累進的なものにする。そして，この効果が表3で示されるように地域間のばらつきを所得分布よりも算出税額の方が大きくなる状況をもたらしている。

　このような地域間のばらつき，言いかえれば偏在は，消費額をそのまま課税対象とする消費税よりも大きくなる。そして，「納税者あるいは人口1人当た

表3　都道府県別の算出税額の状況（2012年度）

	平均算出税額（千円）	ジニ係数	全国平均を上回る市町村数	全国平均を下回る市町村数
北海道	105	0.48609	10	169
青森県	93	0.48840	0	40
岩手県	93	0.48212	0	33
宮城県	111	0.48936	1	34
秋田県	89	0.48983	1	24
山形県	92	0.47616	0	35
福島県	99	0.47592	3	56
茨城県	117	0.46463	7	37
栃木県	114	0.46951	2	24
群馬県	111	0.46830	0	35
埼玉県	130	0.46424	19	44
千葉県	136	0.48609	14	40
東京都	176	0.52293	48	14
神奈川県	152	0.47727	19	14
新潟県	97	0.47181	0	30
富山県	105	0.45474	1	14
石川県	107	0.47159	0	19
福井県	105	0.47016	0	17
山梨県	109	0.47204	2	25
長野県	105	0.46599	1	76
岐阜県	110	0.46909	1	41
静岡県	116	0.46547	2	33
愛知県	134	0.47418	24	30
三重県	117	0.46766	3	26
滋賀県	120	0.46514	4	15
京都府	125	0.49825	5	21
大阪府	128	0.49234	16	27
兵庫県	132	0.49690	8	33
奈良県	130	0.49197	6	33
和歌山県	108	0.48957	0	30
鳥取県	93	0.47423	0	19
島根県	94	0.46861	0	19
岡山県	107	0.46880	0	27
広島県	116	0.47950	1	22
山口県	107	0.46973	0	19
徳島県	106	0.48516	0	24
香川県	110	0.48837	1	16
愛媛県	103	0.48298	0	20
高知県	97	0.48759	0	34
福岡県	115	0.49717	2	58
佐賀県	95	0.47658	0	20
長崎県	99	0.49033	1	20
熊本県	99	0.48998	0	45
大分県	100	0.47912	0	18
宮崎県	94	0.48941	0	26
鹿児島県	98	0.48499	0	43
沖縄県	99	0.49909	2	39
全国	126	0.49356	204	1,538

資料）『市町村課税状況等の調』（平成24年度）。

備考）全国の値は、表1のデータより算出した。

表4　所得控除の状況

課税標準額の段階	区分	納税者1人当たり所得控除額 千円	総所得金額等に対する所得控除額の割合 %
市町村民税	10万円以下の金額	608	96.1
	10万円を超え100万円以下	794	58.6
	100万円 〃　200万円 〃	973	40.2
	200万円 〃　300万円 〃	1,247	33.7
	300万円 〃　400万円 〃	1,504	30.4
	400万円 〃　550万円 〃	1,703	26.9
	550万円 〃　700万円 〃	1,870	23.3
	700万円 〃　1,000万円 〃	1,967	19.3
	1,000万円を超える金額	2,106	9.6
	合　計	1,074	34.2

資料）『市町村課税状況等の調』（平成24年度）。

りの税収が地域間で差がないこと」を基準とするならば，その基準には反することになる。しかしながら，上記のように現在の所得割住民税の偏在は，各納税者の状況を考慮して所得から算出される担税力の偏在を反映した結果である。その意味では，1人当たり税額を等しくしていくという基準だけではなく，担税力に対する課税のあり方として望ましい方向性を検討するという方向性も必要である。

5．個人住民税の課題

(1) 課税対象と税率について

それぞれの税の税収規模は，税率水準とその税率を適用する課税対象の規模によって決まる。所得割住民税の場合は，分離課税が行われる資産性の所得を除いて，所得から所得控除を差し引いた課税標準に，市町村，都道府県それぞれの税率が適用される。

第2節で見たように，個人所得は，重要な税源であるとともに，住民が経済

活動を営んでいれば税源が存在するという意味で、地方税としても基幹的な位置にある。しかしながら、消費税が税率1％で2.4兆円程度の税収となるのに対して、所得割住民税は、総所得金額に資産性の所得のうち確定申告を行った額を加えて算出された税額が約7兆円であるから、1％の税収は約1.2兆円で消費税の2分の1にとどまっている。この大きな要因は、各種の所得控除と、総所得金額の算出のさいに適用される給与所得控除の制度である。

　地方税である住民税は、現在は国の所得税のような所得再分配効果を期待するのではなく、比例税率となっていることは先に述べた通りである。ここからさらに、住民税については、人的控除等の所得控除も不要とする考え方もあり得る。地域の公共財供給の財源である地方税の負担はできる限り多くの住民で負担し合うこと（負担分任）が望ましいと考えられ、個人住民税の基礎控除等が所得税よりも低く設定されているのもこの観点から説明される。この考え方をつき詰めれば所得控除は不要ということになり、課税ベースも拡大する。

　しかしながら、個人所得に対する課税は、各納税者の事情を配慮した担税力に応じた課税のできる税制である。所得課税は、所得控除を差し引いた課税所得（課税標準）を"担税力"として用いる仕組みであり、たとえば所得の多寡に関らず同じ所得額であれば扶養している人員が多いほど担税力は小さくなる。一方、2014年の消費税率の引上げにともなって、その負担の逆進性が問題となっている。逆進性は、所得を基準として見た場合に、所得に対する消費税の負担率が高所得者になるほど低くなる状況を示すものである。また、同じ所得であっても扶養人員が多く消費が多いほど税負担は高くなる[11]。

　消費税負担は、消費支出を基準に算出されるものであり、もともと間接税は、購入者の個別の事情とは無関係に同じ価格の商品について同額の負担を求める税である。このような消費税の重要性が増している今日、個人の状況を配慮した担税力に基づく所得課税の意義は高くなっている。その意味で、所得額から各人の状況に応じて課税対象となる金額を求める現在の所得課税の枠組みは重要で、このような所得控除のない消費税に関しても、所得や消費という家計のフローの経済活動に対する税負担を総合的に把握すべきであろう。

ただし，所得課税による地域間での税収配分は所得自体の偏在よりも高くなることは避けられず，地域の行政内容のうちどの部分を経済力の相違を反映させるものとするのか，同時に何を全国的に保障する行政内容とするのかについての改めての検討と，それを可能にするシステムの構築は不可欠である。また，担税力を算出するための所得控除については，給与所得者に対する概算経費控除の意味を持つ給与所得控除も含めて適正な水準とするべく検証が必要である。

　上記のように現在の所得割住民税は，所得に所得控除を適用して算出した担税力に応じた課税である。この税制からの税収確保を目指すうえでは，その比例税率の水準を検討の対象にしなければならない。

　2007年度の所得税からの税源移譲を受けて，2014年現在の税率は市町村6％，都道府県4％の合計10％と非常に切りの良い水準になっている。そのため，税率表の改訂の議論は難しいという側面があることは事実であろう。2012年度現在では，財政再生に取り組む北海道の夕張市（6％を6.5％）のほかには，水源環境保全のために導入している神奈川県（4％を4.025％），そして都市計画税の廃止にともなって導入した兵庫県豊岡市（6％を6.1％）が所得割住民税の超過課税を行っている。

　所得割住民税は，前年の所得をベースに算出され，給与所得者の場合は所得税と合わせて源泉徴収されており，現実には税率の水準が十分に認識されているわけではない。しかしながら，各団体で実施しようとする場合には，その必要性の説明が求められ，実施の是非についての議論を経なければならない。超過課税は，従来法人企業に対するものが中心であったが，近年は均等割も含めて個人に対する超過課税も行われるようになってきている。

　消費税の規模が拡大する中で，所得から算出される担税力への課税にどこまで重きを置くべきか，また総合的な税負担配分も考慮したうえで，改めて税率水準に関する検討も進める必要がある。

(2)　金融資産からの所得について

　日本では，戦後のシャウプ勧告以降，全ての所得を合算して税率表を適用す

る総合課税を原則としてきたが，実際には少額貯蓄の利子非課税や分離課税が実施されるなど，金融資産からの所得はその多くが枠外に置かれてきた。

　しかしながら，消費税の導入にともなう所得税の見直しによって，利子については一律20％（所得税と住民税の合計）での源泉分離課税となった時から，利子割住民税が設けられた。そして配当所得と株式等の譲渡所得については，2003年から源泉徴収が実施されるようになり，住民税についても，2004年からそれぞれ，配当割，株式等譲渡所得割住民税が創設された。配当と株式等譲渡所得は，源泉徴収の後，所得税の確定申告の有無を選択することができ，表1に記載されているのは確定申告を選択した所得金額である。

　税率は，利子については創設以来所得税と合わせて20％が維持されているが，配当と譲渡所得については，原則は利子と同じ20％とされたものの，当初から2013年末まで，10％（所得税7％，住民税3％）に軽減されていた。

　金融資産からの所得に関しては，近年総合課税を目指すのではなく，金融所得間での損益通算を可能にする二元的所得税（金融所得の一体課税）の考え方が広がっており，現在は譲渡損失が生じた場合には，他の譲渡所得および配当との通算を行うことができる。

　住民税については，所得税における金融所得の取り扱いに連動したものとなる。したがって，課税方式は金融所得課税のあり方を巡る議論を待たなければならないが，住民税としての検討対象としては税率の水準を指摘することができる。もちろん，所得税と合わせた合計の負担水準についての検討も不可欠であるが，現在の原則20％の内訳は所得税が15％，住民税が5％である。所得割住民税とは別の利子割等の住民税は都道府県の住民税として算入され，そのうち事務費を除く額の5分の3は交付金として市町村に配分されている。現在，市町村と都道府県を合わせた一般の住民税率が10％であることを考慮すれば，国と地方の配分についても検討の対象とすべきであろう。

　前節で見たように，申告されている金融所得や不動産の譲渡所得は一般の所得よりも地域間の偏在は大きく，かりに税率を引き上げれば地域間の差は拡大する。また，資産性の所得は一般の所得と比べれば経済状況によって生じる変

動幅が大きくなる傾向がある。そのため経常的で安定的な財源として地方がどこまでその税収に依存した財政運営を行うことが望ましいかという課題はあるが，国と地方の配分という問題は重要な視点である。

(3) 課税のタイミングについて

　所得割住民税の課税ベースは所得税と同じ所得であるが，住民税の場合は前年の所得に基づいて課税される。つまり，所得税が現年課税であるのに対して，所得割住民税は前年課税である。

　給与所得者の場合，所得税は毎月の給与および賞与から概算で算出した税額を企業（事業者）が源泉徴収し，12月時点で1年間の給与が確定した段階で年間の所得税額を求め12月分の源泉徴収時に調整する（年末調整）。これに対して，所得割住民税は，所得税の年末調整が行われた前年の所得額を受けて，市町村が税額を算出し，その6月から翌年の5月まで12ヶ月に分けて企業が徴収（特別徴収）する。

　所得税の申告納税者も，所得税が2〜3月の確定申告後，自ら納税するのに対して，所得割住民税は確定申告書から市町村が税額を算出し，納税者に通知され，6月以降（所得稼得の翌年度）に納税することになる。なお，ここで言う，市町村が算出する所得割住民税は，市町村分と都道府県分の合計である。

　このような前年所得課税の住民税には次のようなメリットがある。1つは，課税標準が年度初めに確定していることから，税収見積もりが極めて正確に行われることである。もう1つは，確定した税額が市町村から特別徴収を行う企業，あるいは納税者本人に通知されるため，納税に関する事務や手続が簡単なことである。

　一方，前年課税を採用していることによる問題としては次のような点を指摘することができる。第1に，先に述べたように所得から個人の事情を配慮した担税力を求めて課税するという性質でありながら，その算出基礎は前年のものであり，当該年の担税力と税負担との間が時期的に対応していないことである。

　第2に，当該年の所得（担税力）とは無関係に算出されてしまうことから生

じる問題である。多くのケースがあてはまる給与所得者の場合は，当該年の担税力が大きく低下したにもかかわらず税負担が発生するのは通常リタイアした時であり，納税には大きな負担感が生じる。これに加えて，近年は労働環境が従来とは違ったものとなり，働き方にも多様な形態が生じ，所得が大きく変動するケースも生じているため，このような大きな負担感を生じさせるケースが増えている。

　第3に，課税は1月1日の居住地に基づいて課税されるため，それ以降他の市町村に転居した場合には，現在の居住地ではない前住所地に納税を行うことになり，受益と負担の関連がなくなってしまうことである。

　所得割住民税の現年課税化については，総務省でも検討が行われている[12]。また古くは1968年の政府税制調査会の答申（「長期税制のあり方についての答申」）で，所得の発生時と税の徴収の時期を近づけるという観点から，現年課税化の検討の必要性が述べられ，2005年の「個人所得課税に関する論点整理」の中でも同様の趣旨の指摘がなされている。

　課税および納税の簡素さは税制を構築するさいの重要なポイントであるが，税負担を求める本質論としては現年課税の方が望ましい。つまり，その年の担税力は，基本的にはその年の所得から算出すべきであり，地方税である以上，実際の居住地の税収となる仕組みであるべきで，そのためには現年課税に移行しなければならない。

　ただし，これまでも問題点が指摘されながらも実施に到らない大きな理由は，簡素さが損なわれることである。現年課税を現行の所得税と同じように源泉徴収，年末調整の対象とするためには，現在の特別徴収義務者である企業にとって多大なコストが必要となり，市町村が個別に対応するとなれば徴税コストが拡大する。

　事務手続きについては，今後運用が進められる番号制を活用しながら，最小化を図っていかなければならない。また現在は，特に所得税の確定申告を行っていない年末調整のみで完結している多くの給与所得者は，住民税額の決定通知書と毎月の給与明細を見るのみで，ほぼ労力はゼロである。地方分権や，地

域の受益と負担の関係の重要性という点からすれば，年末調整に代わる調整のための口座（引き落としや還付に対応するため）の設置程度は求めても良いのではないかと考える。

　現年課税化のもう1つの課題は，移行時の調整である。ある年を境にして現年課税へのシフトのみを行えば，現在の納税者はその時点の前年の所得に対する課税を免れることになる。これを容認するのも1つの考え方ではあるが，現在の地方財政の状況を鑑みれば，それも難しいだろう。移行時点の前年所得に対する課税を数年間かけて調整することも1つの方法である。

　納税および徴税の手続きの増大，移行時の税額の調整は，短期間で解決することは困難であるかも知れないが，番号制の整備や，企業が徴収する場合の納税先の一元化[13]など環境が整った時点では速やかな移行ができるよう，具体的なシミュレーションと説明を進めておくべきであろう。

6．むすび

　本稿では，個人所得課税である所得割住民税について，現状を把握するとともにいくつかの視点から課題を論じた。

　地域間の偏在については，現行の所得割住民税は，比例税ではあっても所得の偏在状況だけでなく所得控除後の課税標準の偏在を反映した結果となっている。そのため課税最低限のない消費税よりも偏在度も高くなる。しかし，これは担税力としての課税標準のばらつきを示すものであって，「所得課税の税収が1人当たり額で見て一定であることが望ましい」という基準は必ずしも当てはまらないのではないかと考えている。

　そして，5では，個人の担税力を考慮して課税することのできる重要な税制と位置づけたうえで，今後検討すべきと考える点を指摘した。適切な担税力を算出するための控除制度や税率水準の設定，現年課税化の実施など，その実現には一定の期間と労力を必要とするものと考えられるが，地域の財政を支える基幹的な税として，常に様々な検討が行われていることを明示するのも必要な

施策である。

【参考文献】
林宏昭（2001）『これからの地方税システム：分権社会への構造改革指針』中央経済社。
林宏昭（2011）『税と格差社会―いま日本に必要な改革とは―』日本経済新聞出版社。
八塩裕之（2010）「個人住民税の課税ベース拡大による地方税改革」（『抜本的税制改革と地方税』日本租税研究協会［地方税研究会報告］118-143頁）。
地方財務協会（2008）『地方税制の現状とその運営の実態』地方財務協会。
地方自治情報センター（2014）『平成25年度個人住民税検討会報告書』。

---

(1) このうち，所得と消費はフロー，資産はストックの概念であるが，資産課税という場合には，不動産や金融資産から発生する資産性の所得課税を含む場合もある。
(2) 住民税には，個人と法人の均等割，事業税には，付加価値および資本金に基づく課税もある。
(3) 住民税の非課税限度額は，生活保護給付から算出される。税制上，算出される課税最低限が生活保護基準を下回ると，生活保護世帯よりも低い収入で課税が行われることになるため，生活保護基準を下回る水準の収入には税負担が生じないように非課税限度額が設定されている。
(4) この間，結果的に平均給与額の上昇を上回る生活保護の拡大があったことになる。
(5) 生活保護の給付費の75％は国庫支出金で，残りについても地方交付税の交付基準に算入される。
(6) データの利用にあたっては，総務省税務局市町村税課の協力を得た。
(7) 所得税法では，所得を次の10種類に区分している。①利子所得，②配当所得，③不動産所得，④事業所得，⑤給与所得，⑥退職所得，⑦山林所得，⑧譲渡所得，⑨一時所得，⑩雑所得。
(8) 標準偏差を平均値で割った値で，値が高いほど地域間でのばらつきが大きいことを意味する。
(9) ジニ係数は，所得分配の不平等度を示す指標であり，0から1の間で，値が高いほど不平等度が高いことを意味する。
(10) 特に給与所得者の場合は，若年期から次第に給与水準が上昇することからも，給与水準の高い時期に扶養対象者も増加する傾向にある。
(11) もちろん，先の逆進性も含めて，税引き後の所得を生涯を通じて全て消費すると考えれば全て消費税率が所得に対する負担率になるが，一般に負担配分が問題視されるのは，生活を営む各年毎の視点で議論されることが多い。
(12) 最も新しいものは，『平成25年度個人住民税検討会報告書』（地方自治情報センター）。

⒀ 所得割住民税については，特別徴収を実施している企業（事業者）にとって従業員がさまざまな住所に居住しており，市町村ごとの対応が必要になっている。納税先の一元化は，それに要するコストを軽減する有効な手段である。

地方税に関する徴税・納税制度と納税協力費に関する研究

大阪産業大学経済学部教授
横山 直子
Naoko Yokoyama

はじめに

　わが国における地方税に関する徴税・納税制度を考える上で，納税協力費に注目しその特徴を明らかにすることは重要である。本稿は，特に住民税，地方消費税に関する納税協力費，さらに納税意識に着目し，それぞれどのような特徴を有しているのか研究を深めるものである。本稿では，所得税，消費税に関する徴税制度，納税制度，納税協力費の特徴を明確にしながら住民税，地方消費税の納税協力費の意義，特徴について分析を深める。

　納税協力費に関して本稿では，サンフォード（Sandford, C.）教授らによる研究（Sandford, C., M. Godwin and P. Hardwick (1989), Sandford, C. (ed.) (1995)）を参考にしながらわが国における納税協力費について分析を深める[1]。筆者（横山直子）も，納税協力費，納税意識に関する研究を多くおこなってきており（例えば，横山直子（2007），（2008a），（2008b），（2009），（2011a），（2011b），（2011c），（2012），（2013a），（2013b）），本研究は，納税協力費，納税意識について，所得税，消費税と住民税，地方消費税に焦点をあてて研究を深めているものである。本稿の特徴は，所得税，消費税，住民税，地方消費税に注目し，納税意識，納税協力費に影響を与える要因を明らかにし，それぞれの税に関する納税意識を明確にする徴税・納税制度について着目している点である。

本稿は第一に，住民税，地方消費税の納税協力費の大きさと特徴について，納税協力費の大きさに影響を与える要因を考え合わせながら分析をおこない，第二に，住民税，地方消費税に関する納税意識の特徴と納税協力費の関連について深く掘り下げながら検討する。さらに第三に，所得税，消費税に関する徴税制度，納税制度，納税意識，納税協力費にも注目して特徴を明確にしながら，住民税，地方消費税の納税意識，納税協力費の意義について明らかにする。

1．住民税と地方消費税の納税協力費

1.1 住民税の納税協力費

納税協力費について，サンフォード教授らはさらに，金銭的コスト（money costs），時間的コスト（time costs），心理的コスト（psychic or psychological costs）のように分類しており[2]，金銭的コストは納税者が税理士に支払う報酬，時間的コストは納税者の申告書作成に必要な時間などに関するコスト，心理的コストは納税者が納税に際して心配な気持ちをもつことなどに関するコストである。

納税協力費測定について筆者（横山直子）も計算をおこなってきており（例えば，横山直子（2010），（2011a），（2011b），（2013a），（2013b）において所得税，消費税の納税協力費を測定，横山直子（2009），（2011c）において住民税の納税協力費を測定している），本稿はこれらを参考にしながら納税協力費を計算する。本稿の特徴の一つは，納税協力費測定について，『税理士報酬規定』（近畿税理士会）（以下，税理士報酬規定）を基準として，さらに住民税，地方消費税，所得税，消費税の納税協力費の特質に十分に着目して納税協力費を測定し，金銭的，時間的，心理的コストを考え合わせながら計算をおこなっているという点である[3]。

住民税に関する納税協力費[4]について，『税理士報酬規定』では税務代理報酬，税務書類作成報酬については所得税の報酬額の30％相当額とされている。普通徴収住民税に関する納税協力費については申告所得税（国税）にかかる納

もきわめて特徴的な性質を有しているといえる。

さらに吉川宏延（2013）にて個人住民税の現年課税化に関して以下のように述べられていることに注目したい。

「給与所得に係る特別徴収制度を構想する際の1つの重要な論点は，特別徴収義務者に年末調整義務を負わせるかということである。年末調整は，源泉徴収義務者にとって大きな負担となっており，個人住民税について，同様の負担をさらに強いることになる。しかも，市町村に年末調整をさせると，税額計算だけでなく，過不足分について追徴あるいは還付事務を行わねばならず，そこに新たな行政コストが発生する。

特別徴収義務者にも，市町村にも，年末調整義務を課すことが困難となれば，結局，給与所得者本人に申告させるしかないということになる。しかしそれでは，所得税に関する現行の制度に変化がないかぎり，所得税について源泉徴収と年末調整で課税関係が完了しているにもかかわらず，個人住民税についてだけ申告義務を課される給与所得者が大量に発生する可能性がある。」[7]

個人住民税の現年課税化を考えるとき，年末調整というキーワードに加えて，納税協力費の視点の重要性が大きな問題として浮かび上がる。源泉所得税の納税協力費についてみると，源泉徴収義務者にとって年末調整事務に関わる費用がかなり大きな負担であると考えられる（源泉所得税の納税協力費については本稿，3.1節でみる）。

1.2 地方消費税の納税協力費

地方消費税に関する納税協力費について，『税理士報酬規定』では特に示されていない。地方消費税に関する納税協力費については消費税（国）にかかる納税協力費に含まれていると考えられる[8]。地方消費税にかかる納税協力費の値をみるために，税理士報酬規定において，税務顧問報酬（月額）について，住民税及び事業税に関して所得税又は法人税に定める報酬額の10%相当額とされていることを一つの基準として参考にすることとし，ここでは，地方消費税の納税協力費の大きさを消費税の納税協力費の10%と考える[9]。なお，消費税

の納税協力費測定方法については，本稿，3.1節において説明している。

消費税と地方消費税[10]について考察するにあたり，消費税，地方消費税の徴税制度・納税制度について注目することは納税意識，納税協力費の2つの視点からみて重要である。持田信樹・堀場勇夫・望月正光著（2010）において地方消費税をめぐる論点として税務行政に関する論点が述べられており[11]とても興味深い。この点は納税協力費の大きさをめぐる視点と大きく関わってくる。

2．住民税と地方消費税の納税意識

2.1　住民税の納税意識

納税意識に関してみると，シュメルダース（G.Schmölders）（1970）において租税意識について詳細に述べられており[12]，税負担に関してシュメルダース（1970）において，「たいてい簡単に数量化できる『客観的な（objektiven）』税負担は，『主観的な（subjektive）』税負担あるいは『負担感（Belastungsgefühl）』と区別されている」[13]と述べられている。また，所得税に関して，「所得税の負担感は，客観的な負担に関する知識が少ないこととその他の歪みのある主観的な印象もあるけれども，財の価格に税負担が含められている税負担に関する漠然とした推測と比較するとかなり明確なものである」[14]と述べられている。

また，山本栄一（1989）において，「間接税について負担感が少ないのは，消費段階で各個人について負担が価格に転嫁されて明らかでないか，たとえ負担額が明らかであっても消費のたびごとであって，期間を通じる個人負担の総額が明らかでないことによる。この負担感の緩和は，徴税側にとって直接的納税者である企業の協力を得れば，間接的かつ実質的負担者である消費者の同意ないし納税意欲をそれほど期待することなしに，課税を可能にする。」[15]と述べられており，さらに，「間接税は負担そのものが実質的な納税者にとって不明確であることによって負担感が少ないのであって，その点は所得税では徴税方法の如何にかかわらず負担は明らかである。したがって，徴税方法による負担

感の相違は主観的心理的な問題であるといえる。」[16]とされている。

　これらの納税意識，負担感に関する見方を踏まえて考え合わせながら本稿の視点に関連して，①客観的な税負担と主観的な負担感を分けて考えるべきであるということ，②税負担額が納税者にとって分かりづらい（気づきにくい）ことから生じる負担感の小ささがあること，③徴税方法によって心理的に負担感が違って感じる（負担感が高くなったり低くなったりする）という観点について本稿を通して掘り下げて考えてみたい。

　ここで，まず，住民税の納税意識についてみることとする。個人住民税の納税意識[17]の大きさは，普通徴収，特別徴収という徴税方法の違いから影響を受ける。このことは所得税の納税意識に影響を及ぼす要因の一つである申告と源泉という徴税方法からみる視点と関連しているが，この点については本稿，第3．のところでみることとする。ここでは，個人住民税の納税意識の大きさに影響を及ぼす要因，住民税の納税意識を考える際に重要な視点について焦点をおいて検討を深める。

　林宏昭（2001）において，地方税の重税感について以下のように述べられている。
「地方税に関しては，国税と比較して重税感が強くなる傾向がある。通常の生活で地方税をはっきりと意識するのは，サラリーマンの場合は給与明細で所得税と住民税（都道府県＋市町村）が並んで示されているのを目にするときであろう。」[18]

　さらに林宏昭（2001）にて，以下のような見解が述べられている。
「地方税の場合には，負担に対する見返りが少ないと意識されることが多く，これがさらに重税感を募る結果になっているのではないかと考えられる。」[19]

　また，林宏昭（2001）において以下のような見解があることにも着目したい。
「国が全国的な展開について責任を負うべきものを除いて，地域で提供される公共サービスは地域で支えることが前提となっているのであり，行政サイドも住民サイドも地域で行っているサービスの財源確保のために地方税が存在することを改めて理解する必要がある。そのうえで，それぞれの行政項目の大きさ

や優先順位を考えなければならない。」[20]

　これらの見解を手がかりに住民税の納税意識を考える際に重要な視点を探ると，所得税と比較しても住民税については，納税意識に関する客観性の度合いがやや低く，実際の税の額からくる納税意識というよりも，税が重く感じるといった心理的な側面が強いことからくる負担感があらわれていることがうかがえる。住民税の納税意識に関する客観性をより高めることが重要である。

　住民税の納税意識を考える際に重要な視点の一つは，先に触れた前年所得課税という点である。このことからもたらされる問題について根岸欣司（2006）において以下のように述べられている。
「徴税体制の問題も今後いっそう重要な問題となるでしょう。所得税が地方税になじまないとされてきた理由の1つは課税技術上の問題があります。現行の住民税は，国税所得税の所得が確定したあとで普通徴収する方式です。所得税は現年度課税ですが，住民税は前年度課税方式をとっています。現行制度は，今年度で受けている便益のコストは前年の所得をもとにして課税されています。住民が移動した場合，今年度居住する地方団体で課税された税は，前年度の別な地方団体で稼得した所得をもとに課税されることから，便益と負担は矛盾するのです。」[21]

　住民税の前年所得課税という問題は，納税意識の大きさにも影響を及ぼしていると考えられる。この便益と負担の矛盾という視点は，納税意識に関する客観性の度合いを低くするという問題にもつながってくる。税が重く（または軽く）感じるといった心理的な側面が一層強まる可能性が大きいことがうかがえるのである。

　いずれにしても納税意識を高めることを考える際には，税に関する客観的な意識を高めることが重要といえる。

2.2　地方消費税の納税意識

　一方で，地方消費税の納税意識の特徴について考えてみたい。地方消費税の納税意識の大きさは，納税者にとってみると，消費税の負担と同じように考え

るために，地方消費税のみの負担感，納税意識をみると大きいとはいえないと考えられる。もちろん，先に触れたように，消費のたびごとに税を感じることになるので全体としての税負担額が納税者にとって気づきにくくなることから生じる（例えば住民税と比較してみても）負担感の小ささという側面もある。その上で，地方消費税は，消費税と比較しても納税意識が比較的小さいといえる。

また，消費税・地方消費税の徴税制度・納税制度の観点からみても，地方消費税の納税協力費は消費税の納税協力費と比較してもかなり小さいのであり，そのことが地方消費税の納税意識の小ささに影響を与えている。地方消費税の負担が重く感じるということも考えられるが，これは客観的な税負担よりも主観的な負担感によるところが大きい。

3．所得税，消費税の納税協力費・納税意識の特徴と住民税，地方消費税

3.1　所得税，消費税の納税協力費の特徴

(1)　所得税の納税協力費の特徴

申告所得税の納税協力費については事業所得納税者に注目する。申告所得（事業所得）納税者については税の計算をおこなうとともに税に関する申告書作成にかかるコストと時間（コスト），税の計算の確認，申告書作成・確認など心理的コストも含めてかなり大きな納税協力費があると考えられる[22]。

申告所得税納税者に関する納税協力費について，「税務代理報酬」，「税務書類作成報酬」（いずれも『税理士報酬規定』（近畿税理士会）におけるもの）を基準として測定する。『税理士報酬規定』では，税務代理報酬について総所得金額基準により，例えば総所得金額が200万円未満の場合6万円，300万円未満の場合7万5千円，500万円未満の場合10万円，1,000万円未満17万円，2,000万円未満25万5千円とされている。事業所得に関する申告所得納税者について所得階級別にみて500万円以下が約85％である[23]。そこで「税務代理報酬」10万円と「税務書類作成報酬」（『税理士報酬規定』にて税務書類作成報酬は税務

代理報酬額の30％相当額とされている）3万円（10万円の30％相当額）の合計13万円を申告所得税の納税協力費（金銭的コスト，時間的コスト，心理的コストを含んで考えることとする）として測定する。

　一方，源泉所得税の納税協力費に関しては給与所得の源泉徴収所得税についてみる。源泉徴収義務者は月々の税の計算，源泉徴収事務に加えて年末調整事務に関して特に大きい納税協力費を負担していると考えられる[24]。そこで，源泉徴収義務者（給与所得）に関する納税協力費測定について，年末調整事務に関するコストを基準として計算することとする。『税理士報酬規定』では，税務書類作成報酬に関して年末調整関係書類について，1事案につき2万円，10件を超えて作成するときは1件増すごとに2千円を加算するとされているため，時間的コスト，金銭的コストそれぞれ2万円あると考える。さらに心理的コストについて「税務相談報酬」（『税理士報酬規定』）を基準として算出する。「税務相談報酬」は『税理士報酬規定』にて，口頭によるものの場合，1時間以内2万円とされているので心理的コスト2万円であるとして計算し，源泉所得税の納税協力費は（金銭的コスト，時間的コスト，心理的コスト含めて）6万円とする。

　表3-1，図3-1は，申告所得税，源泉所得税の納税協力費について示したものである。申告所得税納税者数（事業所得）と比較して源泉徴収義務者数は，倍以上の人数であるものの，納税協力費は源泉所得税の方が少し多いくらいであることがわかる。

(2) 消費税の納税協力費の特徴

　消費税の納税協力費について，個人事業者と法人に関する納税協力費に注目する。消費税の納税義務者は，税の計算をおこない税に関する申告書を作成するコストと時間コストを負担し，また税の計算の確認，申告書作成・確認など心理的コストも含めて考えると大きな納税協力費を負担していると考えられる[25]。基準期間における課税売上高が5,000万円以下の課税期間について，消費税簡易課税制度選択届出書を提出した場合に簡易課税制度が適用される[26]。

表3-1 申告所得税,源泉所得税の納税協力費(平成23年)

(単位:百万円,人,件)

	申告所得納税者数,源泉徴収義務者数(人,件)	納税協力費(百万円)	税収(百万円)	納税協力コスト(円/税収百万円あたり)
申告所得税	1,540,875	200,314	515,129	38.886
源泉所得税	3,584,212	215,053	9,006,411	2.388

出所)国税庁編(2013)『国税庁統計年報書(平成23年度版)』,『税理士報酬規定』(近畿税理士会)によって納税協力費を算出し作成したもの。Sandford, C., M. Godwin and P. Hardwick (1989)における測定方法についても参考にしながら日本の納税協力費の場合の値を算出,測定している。横山直子(2010),(2011a),(2013a),(2013b)についても参考。

注)申告所得税納税者(事業所得),源泉徴収義務者(給与所得に関する所得税)に関する納税協力費についてみている。

図3-1 所得税の納税協力費(平成23年)

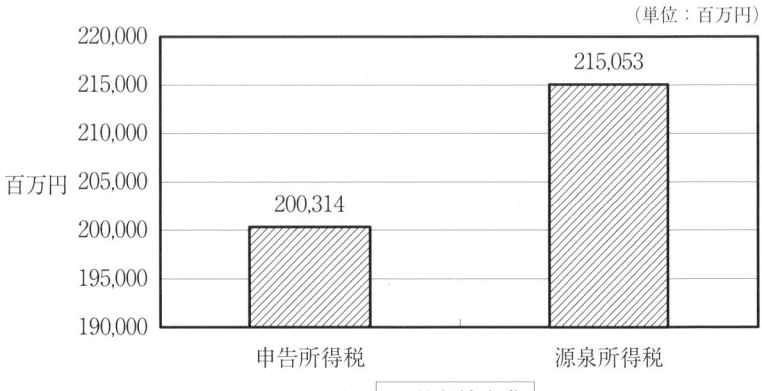

(単位:百万円)

申告所得税: 200,314
源泉所得税: 215,053

出所)国税庁編(2013)『国税庁統計年報書(平成23年度版)』,『税理士報酬規定』(近畿税理士会)によって納税協力費を算出し作成したもの。Sandford, C., M. Godwin and P. Hardwick (1989)における測定方法についても参考にしながら日本の納税協力費の場合の値を算出,測定している。横山直子(2010),(2011a),(2013a),(2013b)についても参考。

注)申告所得税納税者(事業所得),源泉徴収義務者(給与所得に関する所得税)に関する納税協力費についてみている。

表3-2　消費税の納税協力費（平成23年）

(単位：百万円，件)

	消費税（個人事業者・法人）（件）	納税協力費（百万円）	税収（百万円）	納税協力コスト（円/税収百万円あたり）
消費税	3,208,816	648,127	7,284,865	8.897

出所）国税庁編（2013）『国税庁統計年報書（平成23年度版）』，『税理士報酬規定』（近畿税理士会）によって納税協力費を算出し作成したもの。Sandford, C., M. Godwin and P. Hardwick（1989）における測定方法についても参考にしながら日本の納税協力費の場合の値を算出，測定している。横山直子（2011a），（2011b），（2013a），（2013b）についても参考。

注）消費税に関する納税協力費についてみている。

　そこで一般申告と簡易申告の2つに報酬額を分類した上で納税協力費を測定する。

　消費税の納税協力費に関して，『税理士報酬規定』では期間取引金額5千万円未満の場合，税務代理報酬について8万円，また税務書類作成報酬について税務代理報酬の50％相当額とされているので4万円（8万円の50％相当額）の合計12万円（金銭的コストと時間的コストを含んで考える）に，先に述べた税務相談報酬額2万円（心理的コストと考える）と合わせて合計14万円を簡易申告の場合の納税協力費の大きさとする。

　一方，一般申告については期間取引金額の最高額の分類における税務代理報酬15万円と税務書類作成報酬7万5千円（15万円の50％相当額）の合計22万5千円（金銭的コストと時間的コスト含んで考える）に，税務相談報酬額2万円（心理的コストと考える）を合わせた合計24万5千円を一般申告の場合の納税協力費の大きさとする。

　一般申告，簡易申告についてこのように納税協力費を測定し，個人事業者と法人の合計件数[27]より一般申告，簡易申告それぞれについて計算をおこない，さらに還付申告の納税協力費（一般申告と同様の納税協力費とする）も同様に計算した上で，算出された金額に加えて消費税に関する納税協力費の値とする。

　表3-2は，消費税の納税協力費について示したもので，図3-2は所得税と

図3-2　所得税と消費税の納税協力費（平成23年）

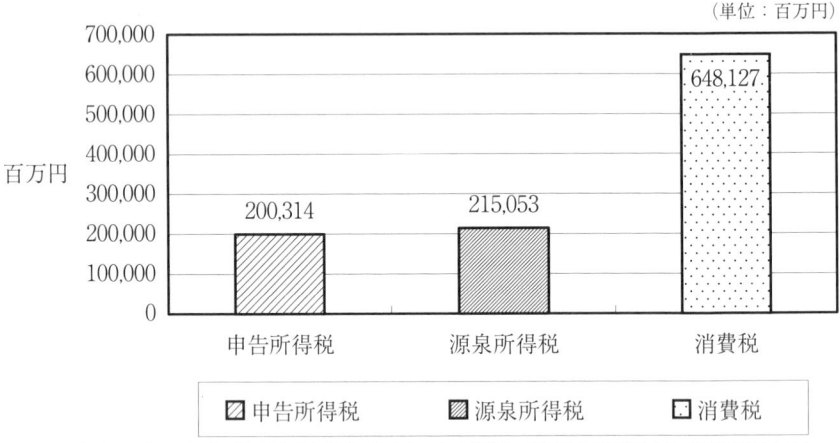

（単位：百万円）

税目	金額（百万円）
申告所得税	200,314
源泉所得税	215,053
消費税	648,127

出所）国税庁編（2013）『国税庁統計年報書（平成23年度版）』，『税理士報酬規定』（近畿税理士会）によって納税協力費を算出し作成したもの。Sandford, C., M. Godwin and P. Hardwick（1989）における測定方法についても参考にしながら日本の納税協力費の場合の値を算出，測定している。横山直子（2010），（2011a），（2011b），（2013a），（2013b）についても参考。

注）申告所得税納税者（事業所得），源泉徴収義務者（給与所得に関する所得税），消費税に関する納税協力費についてみている。

図3-3　所得税と消費税の納税協力コスト（平成23年）

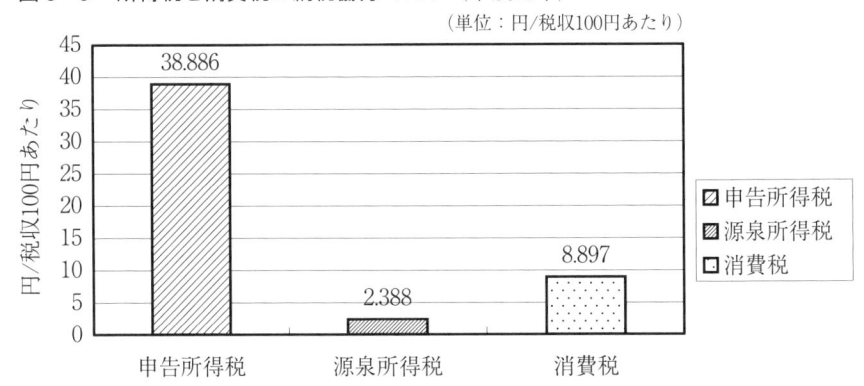

（単位：円/税収100円あたり）

税目	円/税収100円あたり
申告所得税	38.886
源泉所得税	2.388
消費税	8.897

出所）国税庁編（2013）『国税庁統計年報書（平成23年度版）』，『税理士報酬規定』（近畿税理士会）によって納税協力費を算出し作成したもの。Sandford, C., M. Godwin and P. Hardwick（1989）における測定方法についても参考にしながら日本の納税協力費の場合の値を算出，測定している。横山直子（2010），（2011a），（2011b），（2013a），（2013b）についても参考。

注）申告所得税納税者（事業所得），源泉徴収義務者（給与所得に関する所得税），消費税に関する納税協力費についてみている。

消費税の納税協力費について比較しているものである。図3-2より，申告所得税，源泉所得税と比較すると消費税の納税協力費の大きさはかなり大きいことがわかる。また，図3-3は，税収100円あたりでみた納税協力コストの大きさ，納税協力コストについて申告所得税，源泉所得税，消費税で比べたものであるが，納税協力コストでみると，申告所得税のコストの値がきわめて大きいことがわかる。消費税は納税協力費が多い一方で税収も大きいため，（税収が大きい源泉所得税の納税協力コストと比較すると大きいものの）申告所得税の納税協力コストと比較するとかなり小さいことがわかる。

3.2 所得税・消費税と住民税・地方消費税の納税協力費・納税意識比較

(1) 納税協力費の比較

本稿，第1．のところでみたように，普通徴収住民税の納税協力費は申告所得税の納税協力費の30％の大きさ，特別徴収住民税の納税協力費の大きさは源泉所得税の納税協力費の30％の値とする。また，地方消費税の納税協力費の値は，消費税の納税協力費の10％の大きさと考える。

図3-4は，住民税と地方消費税の納税協力費について比較しているものであるが，特別徴収住民税と地方消費税の納税協力費の値が近い大きさであることが図からわかる。地方消費税は消費税と比較して，納税協力費がかなり小さいと考えられ，そのことが地方消費税の納税意識の低さにも影響を与えているといえる。

図3-5においては，所得税，消費税，住民税，地方消費税の納税協力費について比較し，図3-6では各税の納税協力費に関する割合比について示している。納税協力費については，所得税，消費税の納税協力費の大きさが大きく，図3-6より各税の納税協力費に関する割合比でみても，消費税の納税協力費に関する割合比が50％以上ときわめて大きく住民税，地方消費税の割合比がかなり小さいことがわかる。

図3-4　住民税と地方消費税の納税協力費（平成23年）

（単位：百万円）

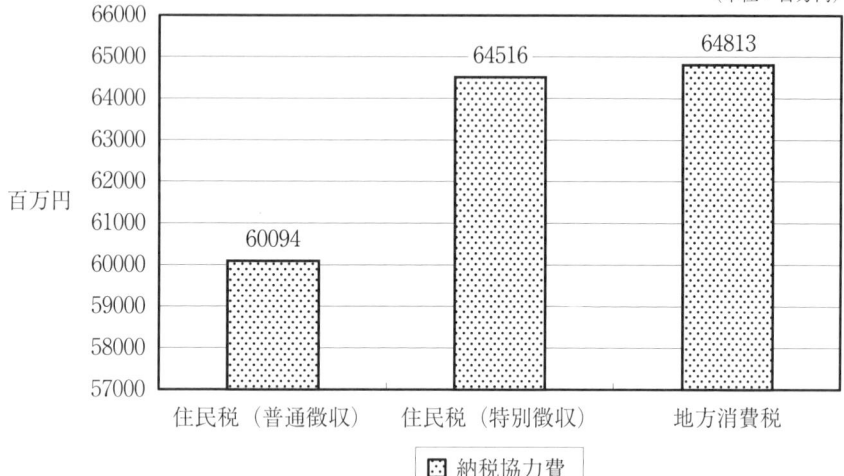

百万円

住民税（普通徴収）	60094
住民税（特別徴収）	64516
地方消費税	64813

▨ 納税協力費

出所）国税庁編（2013）『国税庁統計年報書（平成23年度版）』，『税理士報酬規定』（近畿税理士会）によって納税協力費を算出し作成したもの。Sandford, C., M. Godwin and P. Hardwick (1989) における測定方法についても参考にしながら日本の納税協力費の場合の値を算出，測定している。横山直子（2009），（2011c），（2013b）についても参考。

注）普通徴収住民税，特別徴収住民税，地方消費税に関する納税協力費についてみている。

図3-5　所得税，消費税，住民税，地方消費税の納税協力費比較（平成23年）

（単位：百万円）

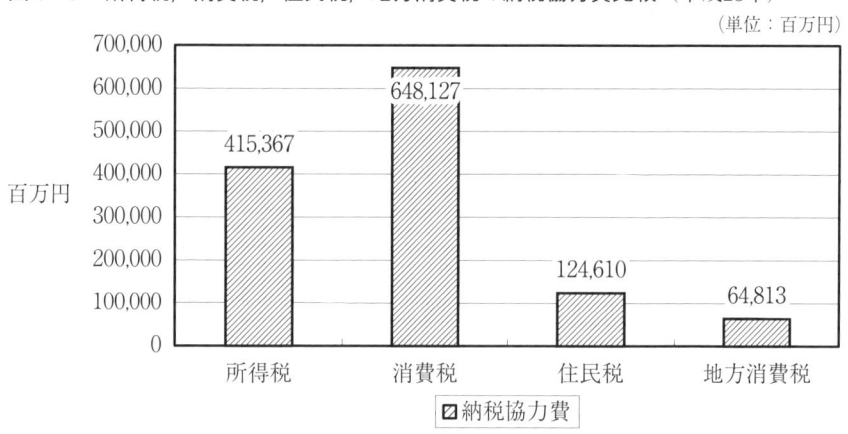

百万円

所得税	415,367
消費税	648,127
住民税	124,610
地方消費税	64,813

▨ 納税協力費

出所）国税庁編（2013）『国税庁統計年報書（平成23年度版）』，『税理士報酬規定』（近畿税理士会）によって納税協力費を算出し作成したもの。Sandford, C., M. Godwin and P. Hardwick (1989) における測定方法についても参考にしながら日本の納税協力費の場合の値を算出，測定している。横山直子（2009），（2010），（2011a），（2011b），（2011c），（2013a），（2013b）についても参考。

注）申告所得税納税者（事業所得），源泉徴収義務者（給与所得に関する所得税），消費税，住民税，地方消費税に関する納税協力費についてみている。

図3-6 所得税，消費税，住民税，地方消費税の納税協力費に関する割合比（平成23年）

(単位：％)

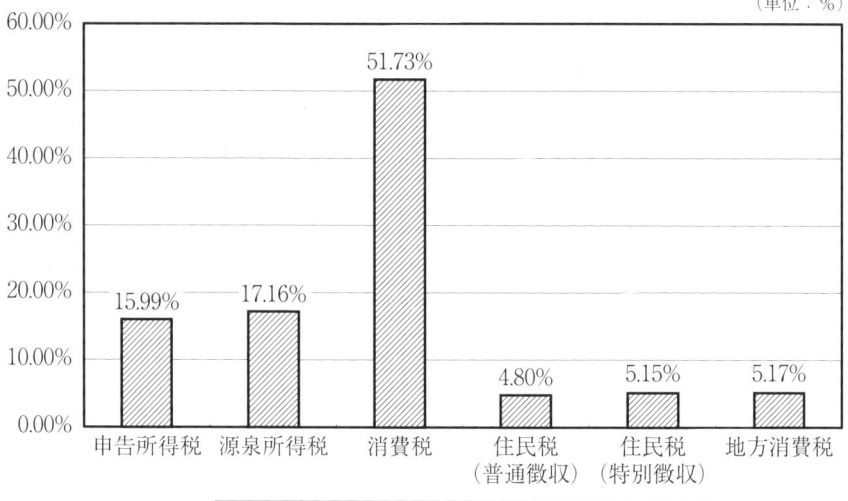

税目	割合
申告所得税	15.99%
源泉所得税	17.16%
消費税	51.73%
住民税（普通徴収）	4.80%
住民税（特別徴収）	5.15%
地方消費税	5.17%

■納税協力費の割合比

出所）国税庁編（2013）『国税庁統計年報書（平成23年度版）』，『税理士報酬規定』（近畿税理士会）によって納税協力費を算出し作成したもの。Sandford, C., M. Godwin and P. Hardwick（1989）における測定方法についても参考にしながら日本の納税協力費の場合の値を算出，測定している。横山直子（2009），（2010），（2011a），（2011b），（2011c），（2013a），（2013b）についても参考。

注）申告所得税納税者（事業所得），源泉徴収義務者（給与所得に関する所得税），消費税，普通徴収住民税，特別徴収住民税，地方消費税に関する納税協力費についてみている。

(2) 納税意識の比較

本稿でみてきたことを考え合わせ，納税意識と納税協力費の関係についてあらわしたものが図3-7である。図3-7は，納税意識が高いと納税協力費も大きくなり，納税協力費が大きいと納税意識が高くなるということを示しているものである。例えば，所得税の場合，申告所得税の納税意識は高く納税協力費も大きい。源泉所得税については，源泉徴収義務者に関する納税協力費，納税意識は高いといえるが，源泉所得税納税者の納税意識は比較的低く，納税協力費も小さいといえる。なお，消費税に関してみると納税義務者に関する納税協力費が大きく，納税意識については，消費税納税者と負担者それぞれに関する

図3-7　納税意識と納税協力費

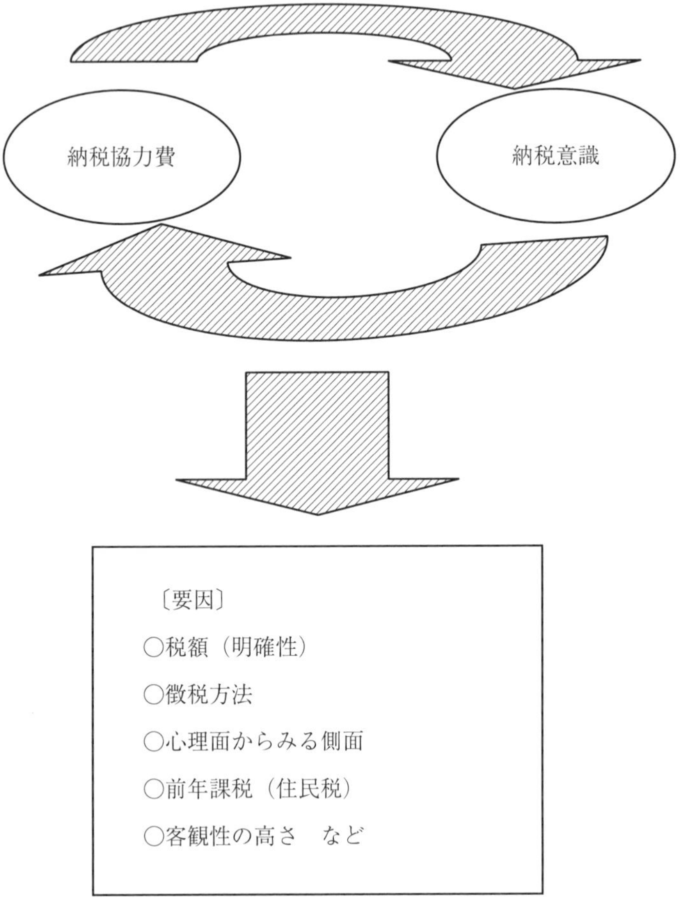

```
   納税協力費 ⇄ 納税意識
              ↓
   〔要因〕
   ○税額（明確性）
   ○徴税方法
   ○心理面からみる側面
   ○前年課税（住民税）
   ○客観性の高さ　など
```

納税意識についてみることが重要である。この納税協力費，納税意識の両方に影響を与える要因は図に示しているように，税額の明確性，徴税方法，心理的側面，（納税意識に関する）客観性の高さ，（住民税の場合の）前年所得課税などがある。

　一方，図3-8は納税意識の大きさに影響を与える要因について，各税の比較からみているものである。例えば，所得税は消費税負担者と比較すると，納

図3-8　納税意識の大きさの要因

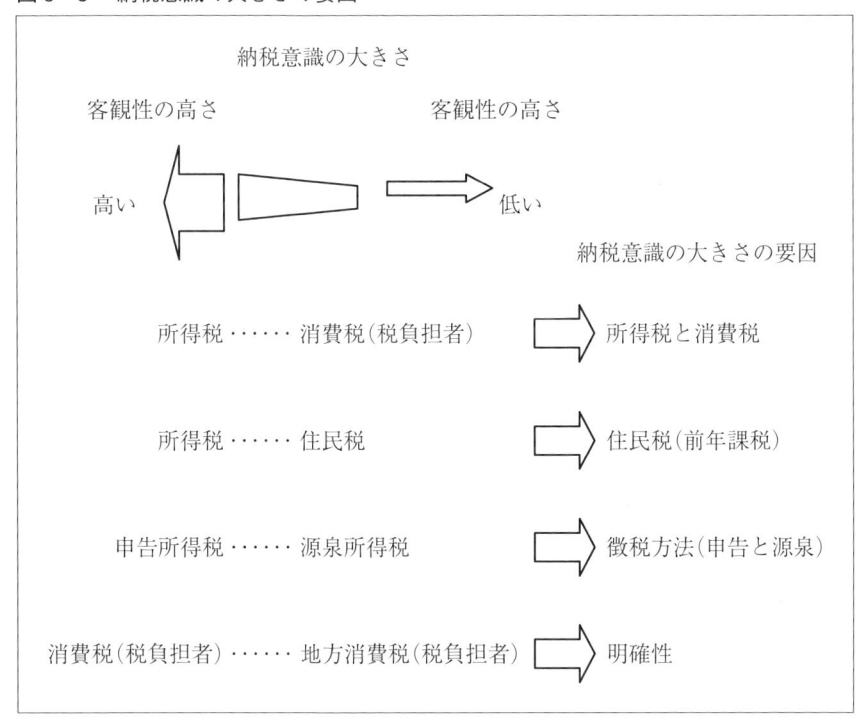

```
                    納税意識の大きさ
       客観性の高さ            客観性の高さ
         ⟵━━━━━⟶
        高い                    低い
                                    納税意識の大きさの要因

    所得税……消費税(税負担者)    ⟹  所得税と消費税

    所得税……住民税              ⟹  住民税(前年課税)

    申告所得税……源泉所得税      ⟹  徴税方法(申告と源泉)

    消費税(税負担者)……地方消費税(税負担者) ⟹ 明確性
```

　税意識に関して客観性が高く，納税意識が大きいといえるのは，所得税は税負担額を客観的に意識することができる一方で，消費税負担者は消費のたびごとに税負担をするので，全体としての税負担額に気づきにくいといえる。

　また，地方消費税と比較すると消費税の方が，税負担者にとっては，税負担額にはっきり気づき納税意識も高いと考えられる。

　むすび

　納税協力費，納税意識について，本稿は所得税，消費税と住民税，地方消費税に焦点をあてて研究を深めているものである。本稿は，所得税，消費税，住民税，地方消費税に注目し，納税意識，納税協力費に影響を与える要因を明ら

かにし，それぞれの税に関する納税意識を明確にする徴税・納税制度について分析しているものである。本稿は，住民税，地方消費税の納税協力費の大きさと特徴について，納税協力費の大きさに影響を与える要因を考え合わせながら分析をおこない，住民税，地方消費税に関する納税意識の特徴と納税協力費の関連について深く掘り下げながら検討し，さらに，所得税，消費税に関する徴税制度，納税制度，納税意識，納税協力費にも注目して特徴を明確にしながら，住民税，地方消費税の納税意識，納税協力費の意義について明らかにしている。

　本稿の分析から導かれる重要な視点の一つは，納税意識と納税協力費は，お互いに影響を与えあいながら大きく関係しており，納税意識が高ければ納税協力費も大きく，納税協力費が大きい場合，納税意識も高いといえるという点である。このことは，申告所得税，源泉所得税，消費税に関してだけでなく，住民税，地方消費税の場合にもあてはまるといえる。納税意識，納税協力費の両方に影響を与える要因は，税負担額の明確性，（納税意識に関する）客観性の高さ，徴税方法，心理的側面などであり，いずれも納税意識，納税協力費の大きさと密接に関連する重要な観点である。

【主要参考文献】

Sandford, C., M. Godwin and P. Hardwick (1989), *Administrative and Compliance Costs of Taxation*, Fiscal Publications, Bath.

Sandford, C. (ed.) (1995), *More Key Issues in Tax Reform*, Fiscal Publications, Bath.

Sandford, C. (2000), *Why Tax Systems Differ; A Comparative Study of the Political Economy of Taxation*, Fiscal Publications, Bath.

Schmölders, G. (1970), *Finanzpolitik, Dritte, neu überarbeitete Auflage*, Springer-Verlag, Berlin・Heidelberg・New York.

石弘光（2009）『消費税の政治経済学』日本経済新聞出版社.

北林隆明編（2013）『図解消費税（平成25年版）』大蔵財務協会.

近畿税理士会（昭和55年10月制定，平成6年6月一部改正）『税理士報酬規定』.

国税庁編（2013）『〔第137回〕国税庁統計年報書〈平成23年度版〉』大蔵財務協会.

小西砂千夫（1997）「日本の租税意識と税制改革」『産研論集』第24号.

シュメルダース，G. 山口忠夫・中村英雄・里中恆志・平井源治訳（1981）『財政政策〔第3版〕』中央大学出版部.

根岸欣司（2006）『現代の租税』白桃書房．
林宏昭（2001）『これからの地方税システム　分権社会への構造改革指針』中央経済社．
平井源治（2000）「所得税の課税原則－公平性，効率性そして納税者心理－」『明海大学経済学論集』第12巻第1号．
松岡章夫・秋山友宏・嵯峨ゆかり・山下章夫共著（2013）『平成25年12月改訂　所得税・個人住民税ガイドブック』大蔵財務協会．
丸山高満（1971）「租税意識とその形成についての一考察（1）」『自治研究』第47巻第11号．
丸山高満（1974）「租税意識とその形成についての一考察（19）」『自治研究』第50巻第3号．
持田信樹・堀場勇夫・望月正光著（2010）『地方消費税の経済学』有斐閣．
山本栄一（1989）『都市の財政負担』有斐閣．
横山直子（2007）「地方の行政サービスの改革をめぐる視点と地方税のゆくえ」『経済情報学論集』第24号．
横山直子（2008a）「地方財政における効率性と納税意識」『経済情報学論集』第26号．
横山直子（2008b）「納税協力費と納税意識」『経済学論究』第62巻第1号（関西学院大学経済学部研究会）．
横山直子（2009）「所得税と住民税に関する徴税制度・納税制度」『経済情報学論集』第28号．
横山直子（2010）「所得税に関する納税協力費の特徴」『経済情報学論集』第29号．
横山直子（2011a）「わが国における徴税費・納税協力費の測定と特徴」『経済情報学論集』第30号．
横山直子（2011b）「わが国における消費税の納税協力費の特徴」『経済情報学論集』第31号．
横山直子（2011c）「住民税の前年・現年課税をめぐる問題と納税協力費」『経済情報学論集』第32号．
横山直子（2012）「わが国における所得税・消費税の納税意識と納税協力費の特徴」2012第69回日本財政学会報告論文．
横山直子（2013a）「所得税と消費税に関する納税協力費比較」『大阪産業大学経論集』第14巻第2号．
横山直子（2013b）「徴税・納税制度と納税意識に関する研究－所得税・消費税を中心に－」2013第70回日本財政学会報告論文．
吉川宏延（2013）『源泉所得税と個人住民税の徴収納付―しくみと制度―』税務経理協会．

---

(1) 納税協力費に関して，イギリスにおいてサンフォード教授を中心とした研究が数多くあり，本稿で納税協力費について，Sandford, C., M. Godwin and P. Hardwick（1989），Sandford, C.（ed.）（1995），Sandford, C.（2000）を参考にしている。サンフォード教授らの研究では，税制が機能する中でのコストについて，徴税側が負担する公共部門のコスト（administrative costs（以下，徴税費））と納税者が負担する民間部門のコスト（compliance costs（以下，納税協力費））と，両者を合わせたコスト（operating costs（以下，広

義の徴税費））に分類されており（Sandford, C., M. Godwin and P. Hardwick（1989），chap. 1, pp. 3-23を参考），これらの分類を参考にしながら納税協力費について分析を深める。
(2) これら納税協力費に関する3つの分類や内容については，Sandford, C., M.Godwin and P.Hardwick（1989），chap. 1, pp. 3-23を参考。
(3) 各税の納税協力費算出にあたって，税理士に委託する場合を想定し『税理士報酬規定』（近畿税理士会）を基準として用い擬制計算をおこなっている。なお，現在，税理士報酬規定は用いられていないが，本稿において納税協力費測定にあたって参考として利用している。また，納税協力費算出で基準としている税理士に対する報酬額には，時間的コスト，心理的コストも含まれていると考えているため，本稿で納税協力費として示している値は大きい値となっている。
(4) 住民税の納税協力費の測定方法や説明について横山直子（2009），（2011c）などを参考。
(5) 現年所得課税，前年所得課税に関する点について，松岡章夫・秋山友宏・嵯峨ゆかり・山下章夫共著（2013），p.138, pp.315-316を参考．
(6) 吉川宏延（2013），pp.17-18。
(7) 吉川宏延（2013），pp.57-58。
(8) 地方消費税について，北林隆明編（2013），第4章（pp.409-412）参考。
(9) 上述のように，住民税に関する納税協力費について『税理士報酬規定』では税務代理報酬，税務書類作成報酬については所得税の報酬額の30％相当額とされている。
(10) 石弘光（2009），pp.222-235において，地方消費税創設について，消費税に関する歩みなど興味深い点が詳細に述べられているので参考。
(11) 持田信樹・堀場勇夫・望月正光著（2010），第1章，pp.15-23．
(12) Schmölders, G.（1970），chap. 5 第34節参考。
(13) Schmölders, G.（1970），S.326．
(14) Schmölders, G.（1970），S.327．
(15) 山本栄一（1989），p.192．
(16) 山本栄一（1989），p.193．
(17) 筆者（横山直子）も住民税の納税意識について研究をおこなってきており，横山直子（2007），（2008a）についても参考。なお，さらに所得税，消費税を含めての納税意識に関する研究も筆者（横山直子）は（例えば横山直子（2008b），（2012），（2013b）など）を数多くおこなってきていて，本稿ではこれらの研究をさらに進めて，申告所得，源泉所得税，消費税，住民税，地方消費税の納税協力費，納税意識に着目してその特徴を一層明らかにしながら分析を深めている。また，納税意識について，ここでみている Schmölders, G.（1970），山本栄一（1989）とともに，例えば，平井源治（2000）において財政心理学の観点について述べられており，小西砂千夫（1997）においては日本の納税意識について述べられ，丸山高満（1971）では租税意識の態様について，丸山高満（1974）においては租税意識の形成について述べられているなど本稿にとっても大変貴重な研究があるので参考。

(18) 林宏昭（2001），p.31.
(19) 林宏昭（2001），p.32.
(20) 林宏昭（2001），pp.33-34.
(21) 根岸欣司（2006），p.365.
(22) この点について横山直子（2013a）参考。
(23) 国税庁編（2013）『国税庁統計年報書（平成23年度版）』を参考。
(24) この点について横山直子（2013a）参考。
(25) この点について横山直子（2013a）参考。
(26) 北林隆明編（2013），p.276参考。詳細については，北林隆明編（2013）を参考。
(27) 国税庁編（2013）『国税庁統計年報書（平成23年度版）』における消費税，納税申告（一般・簡易申告）件数，還付申告件数（いずれも個人事業者，法人の合計件数）より計算。

地方政府における課税自主権の現状

奈良県立大学地域創造学部准教授
城戸 英樹
Hideki Kido

はじめに

　本章では，日本の地方政府（都道府県と基礎自治体：本章では市区町村を基礎自治体と呼ぶ）において，課税自主権がどのように行使されているのかを明らかにする。本章は特に政治学の視点から，現在の地方政府が地方税制度の下でどのように自律的な課税行動をとっているのかを分析する。
　2000年代のいわゆる三位一体の改革では，地方交付税と国庫支出金という依存財源が削減される一方，所得税から住民税への税源移譲が行われ自主財源が増加した。そのため，三位一体の改革は全体としてみれば地方政府の財政的自律性を増す効果を持つといえる。
　しかし，自律性が増すということは，同時に地方が自らの責任で歳入を確保する必要が高まったことを意味する。そのため，地方分権改革後にみられる地方政府の財政的な自律性の高まりは地方政府の行動にいくつかの変化をもたらしてきた。例えば，いわゆる「平成の大合併」において，財政基盤を強化することなどを目指して基礎自治体が自律的に合併に向けた選択を行ってきたことが示されている[1]。しかし，地方政府にとって，最大の歳入源は地方税である。本章は，この地方税に関して地方政府がどのような行動をとっているのかを明らかにするために，地方政府による課税自主権行使の状況を検証する。
　現在の日本において，地方政府は完全に自律的には課税自主権を行使できない。なぜならば，地方政府は中央政府の法律によって定められた地方税制度に

よって，課税自主権を行使する選択肢を拘束されているからである。その中で地方政府がとりうる選択肢は，大きく二つに分けることができる。第一は，地方税として定められている税目について標準税率を超えた超過課税を行うことである。第二に，地方税として定められた税以外の税を創設し法定外税として課税することである。この法定外税はさらに目的税と普通税に分けることができる。

本章では，これらの二つの課税手段について地方政府がどのような選択を行っているのかを明らかにする。その選択を行う際に重要になるのが政治的な要因である。地方政府が課税自主権を行使する際は，基本的に条例に基づかなければならない。条例を制定するためには，首長が議会に提案し（もしくは議員が議会で提案し），議会の議決を得なければならない。その際，首長も議員も政治家であるために，地方政府の課税自主権について考える上では，政治的な要因を無視することはできない。

以上のことを明らかにするために，本章は以下のような構成をとる。まず，1では地方政府の課税自主権に関する先行研究を検討し，本章の立場を明らかにする。次に，2において地方政府の課税自主権行使について，超過課税と法定外税という二つの視点から現状の把握を行い，政治的な要因がどのように影響するのかを検討する。最後に，3において本章で得られた知見をまとめ，地方税制度に対する考察を行う。

1．地方政府の課税自主権―制度的制約と政治的要因

地方政府の課税自主権については，これまでにも多くの研究が行われてきた。本節では，それらの先行研究を概観し，課税自主権の行使に関して地方政府が受ける制度的な制約と政治的な要因を示す。

1.1 課税自主権

まず，地方政府の課税自主権とはそもそもどのような概念なのだろうか。総

務省の資料によれば，課税自主権とは，「地方団体が地方税の税目や税率設定などについて自主的に決定し，課税すること」であるという[2]。また，沼尾波子のまとめによれば，課税自主権は5つの類型に分けられる。すなわち，「現在，地方税法の枠内で認められている課税自主権活用の手法として，（1）税率操作，（2）法定外税創設，（3）法定任意税の採用，（4）不均一課税，（5）課税の減免や課税免除，の5つがある」という[3]。

これらのいずれの定義によっても，課税自主権を考える上では，地方政府が課税に際して自律的に決定を行うという側面が重要であることが分かる。そこで本章では，課税自主権とは，地方政府が自らの裁量によって標準税率以外の税率を設定すること，もしくは地方税として全国一律に定められている税目以外の税目で課税を行うことと定義する。この定義に基づくと，基礎自治体の課税自主権行使とは，基礎自治体が標準税率以外の税率を設定している場合（超過している場合もしくは下回っている場合）か，いわゆる法定外税を設定している場合だといえる。

以下では，地方政府が持つ課税自主権にどのような制約があるのかを検討し，その上で課税自主権の行使に当たってどのような政治的要因が影響を与えるのかをみていく。

1.2　制度的制約

ここでは，課税自主権に関して地方政府の選択を縛る制約について検討する。上でみてきたように，地方政府が持つ課税自主権は地方税の税率にかかわるものか，もしくは法定外税の設定によるものである。しかし，これらの課税自主権は地方政府が何の制約もなく行使できるものではない。そこで，以下では，地方政府の課税自主権にどのような制度的制約が課されているのかをみていく。

まず，地方財政について概観していこう。図1と図2は2012年度の地方政府の歳入を示している。まず，都道府県の歳入のうち31.6％が地方税，18.3％が地方交付税，14.1％が地方債になっている。これらのいわゆる自主財源が都道府県歳入のおよそ3分の2を占めている。これらの自主財源のうちで最も多

図1　都道府県の歳入内訳

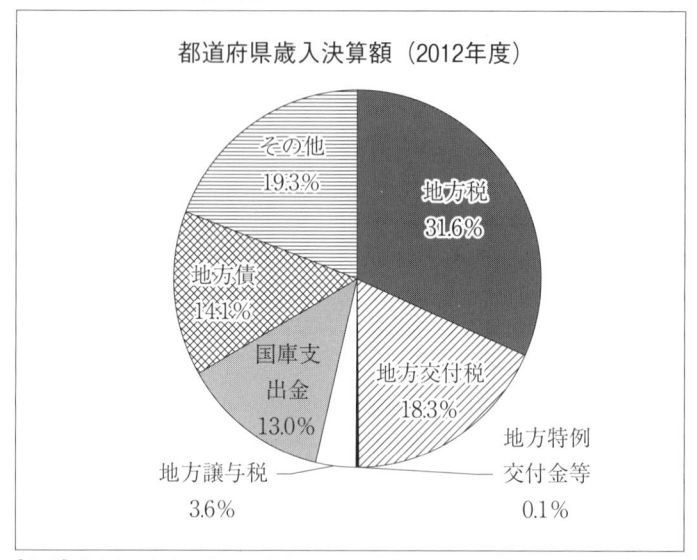

都道府県歳入決算額（2012年度）

- 地方税 31.6%
- 地方交付税 18.3%
- 地方特例交付金等 0.1%
- 地方譲与税 3.6%
- 国庫支出金 13.0%
- 地方債 14.1%
- その他 19.3%

【出所】『平成26年度地方財政白書』をもとに筆者作成。なお，国庫支出金には，交通安全特別交付金を含んでいる。

図2　基礎自治体の歳入内訳

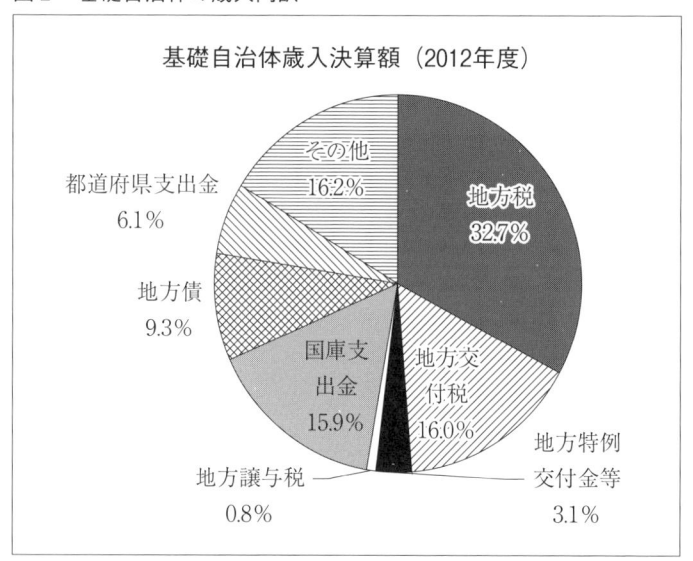

基礎自治体歳入決算額（2012年度）

- 地方税 32.7%
- 地方交付税 16.0%
- 地方特例交付金等 3.1%
- 地方譲与税 0.8%
- 国庫支出金 15.9%
- 地方債 9.3%
- 都道府県支出金 6.1%
- その他 16.2%

【出所】『平成26年度地方財政白書』をもとに筆者作成。なお，国庫支出金には，交通安全特別交付金を含んでいる。

くの部分を占めているのが地方税である。次に，基礎自治体の歳入のうち，32.7%を地方税が，16.0%を地方交付税が，さらに9.3%を地方債がそれぞれ占めている。これらの3つの自主財源が基礎自治体の歳入のおよそ58.0%を占めている。その中で，地方税は最も多くの部分を占め，基礎自治体にとって主要な財源の一つであることが分かる。

さらに詳しくみていこう。図3は道府県の地方税収の内訳を，図4は基礎自治体の地方税収の内訳をそれぞれ示したものである。

まず，図3からみると，道府県の税収のうち，個人住民税が33.1%，地方消費税が18.0%，法人事業税が16.6%，自動車税が11.2%をそれぞれ占めている。このことから，都道府県が自律的に課税を行う可能性があるのは基本的にはこれらの税目に限られることが分かる。

次に，図4をみると，基礎自治体の最も大きな税源が固定資産税（42.2%）であることが分かる。また，市町村民税が34.2%を占めており，これらの二つの税目で全税収のおよそ4分の3が賄われている。それに加えて，市町村民税（法人均等割・法人税割）が10.5%を占める。この図から明らかなように，基礎自治体の地方税収は，主に固定資産税，個人住民税，法人住民税から構成されている。

それでは，これらの税目に関して，地方政府の課税自主権はどのようになっているのだろうか。表1は，日本の地方税に関する制約をまとめたものである。

この表をみると，地方税の税率設定に関して多くの制約が課されていることが分かる。まず，一定の税率が定められているものとして，たばこ税，都道府県民税のうち利子割，配当割など，さらに地方消費税がある。これらの税目に関しては，基本的には地方政府が税率を自律的に変更することはできない。

次に，標準税率が設定されているものがある。個人住民税，法人住民税，固定資産税などがこれにあたる。その中で，さらに税率の幅に制限が課されている場合（法人税割都道府県民税，法人市町村民税など）と制限税率がない場合（個人住民税，固定資産税など）がある。これらの税目に関しては，制限の有無はあるものの地方政府が自律的に税率を設定する余地は残されている。

図3　道府県地方税収の内訳[4]

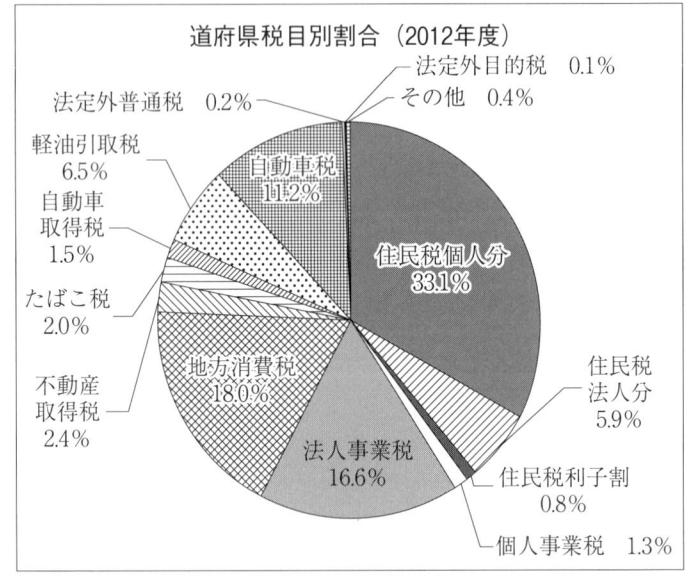

道府県税目別割合（2012年度）

- 法定外目的税　0.1%
- その他　0.4%
- 法定外普通税　0.2%
- 軽油引取税　6.5%
- 自動車税　11.2%
- 自動車取得税　1.5%
- たばこ税　2.0%
- 不動産取得税　2.4%
- 地方消費税　18.0%
- 法人事業税　16.6%
- 住民税個人分　33.1%
- 住民税法人分　5.9%
- 住民税利子割　0.8%
- 個人事業税　1.3%

【出所】『平成26年度地方財政白書』をもとに筆者作成。

図4　基礎自治体地方税収の内訳

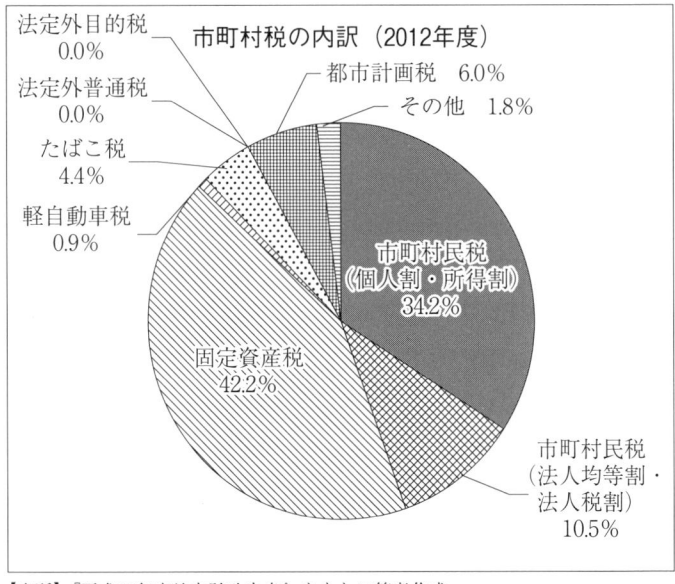

市町村税の内訳（2012年度）

- 法定外目的税　0.0%
- 法定外普通税　0.0%
- 都市計画税　6.0%
- その他　1.8%
- たばこ税　4.4%
- 軽自動車税　0.9%
- 固定資産税　42.2%
- 市町村民税（個人割・所得割）　34.2%
- 市町村民税（法人均等割・法人税割）　10.5%

【出所】『平成26年度地方財政白書』をもとに筆者作成。

表1　地方税の種類

種　類	税　目 道府県税	税　目 市町村税
一定税率	道府県民税(利子割)　自動車取得税 道府県民税(配当割)　軽油取引税 道府県民税(株式等譲渡所得割)　鉱区税 地方消費税　狩猟税 道府県たばこ税	市町村たばこ税 特別土地保有税 事業所税
標準税率　制限税率あり	道府県民税(法人　法人税割) 事業税(個人、法人) ゴルフ場利用税 自動車税	市町村民税(法人　均等割) 市町村民税(法人　法人税割) 軽自動車税 鉱産税
標準税率　制限税率なし	道府県民税(個人　均等割) 道府県民税(個人　所得割) 道府県民税(法人　均等割) 不動産取得税 固定資産税(道府県分)	市町村民税(個人　均等割) 市町村民税(個人　所得割) 固定資産税
任意税率　制限税率あり		都市計画税
任意税率　制限税率なし	水利地益税	水利地益税 共同施設税 宅地開発税
その他		入湯税

【出所】総務省自治税務局資料（2012年4月25日）をもとに筆者作成。

　最後に，税の設定が任意の税目として，都市計画税（制限税率あり）や水利地益税（制限税率なし）などがある。これらの税目はそもそも税を課すかどうかの判断が地方政府に委ねられており，地方が自律的に課税を決定できる税といえる。しかし，これらの税目については，課税の規模が小さく必ずしも全自治体が導入することが可能な税目ではないため，本章では分析の対象としない。
　以上で述べたのは，地方税法に規定された税目であった。しかし，地方政府は法定税以外にも，法定外税を課すことができる。法定外税とは，文字通り法

に定めがないものの，条例により設定された税目である。これらの税目も地方が任意に設定できるという点から，地方の課税自主権行使の重要な手段の一つであるといえる。

以上のように，基礎自治体の地方税の設定には一定の制約が課されていることがわかる。その中で，地方政府が課税自主権を行使することができるのは，標準税率が設定されているもの，任意税率であるもの，法定外税である。そこで，第2節の分析では，これらの税目について，地方政府がどのように課税を行っているのかを検討する。

1.3 政治的要因

次に，課税自主権行使の要因について目を向ける。地方政府の課税自主権について研究が蓄積されてきたのは，経済学，特に公共経済学と財政学の領域である。それらの研究の多くでは，地方政府の課税自主権がどのようにあるべきか，また，課税自主権の行使がどのような影響を及ぼすのかについて検討されてきた[5]。

しかし，本章の研究関心からより重要なのは，地方の課税自主権行使にどのような要因があるのかという研究となる。例えば，高井正は，地方の課税自主権行使に関して，神奈川県の水源環境税を事例としてどのようにして導入が行われたのかを検討する[6]。しかし，そのような研究では，政治的な要因については十分な関心が払われていない。

このような政治的要因については，当然ながら政治学が中心的に研究の対象としてきた。この点に関して，重要な指摘を行っているのが砂原庸介である。彼は地方税導入に関して，政治的にどのような要因があるのかを分析している[7]。その中では，日本の地方政府が二元代表制を取っており，首長と地方議員の政治的な利益が異なることが重要な要因となることが示されている。二元代表制という政治制度は，民主的代表が首長と地方議会議員という二つの形態をとる点に特徴を持つ[8]。

また，北村亘は，都道府県の法定外税導入の政治過程を分析し，首長が争点

を操作することにより，新税導入への反対を回避することが明らかにしている[9]。すなわち，幅広い反対を起こすような税目であったとしても，環境保護や観光振興など税の導入の可否から争点を移動させることによって，税の導入が可能になる。久保慶明も首長と議会の関係に注目し，首長と議会の党派性が地方税政策に影響を及ぼすことを示している[10]。これらの政治学の研究では地方政府の課税行動に関する政治的要因が示されている。しかし，現状の地方政府における課税自主権行使の状況全体については必ずしも検討がなされてこなかった。本章では，この点について検討を行っていく。

さらに，日本の地方政府の首長と地方議員は選出される選挙区制度が大きく異なっている。そのために首長と地方議員では代表する利益が異なるという指摘がしばしばなされてきた[11]。具体的には，首長は定数1の小選挙区制度において選出され，地方議員は一般的には定数が2以上の大選挙区制度で選出される。このような選挙区定数の違いは，当選に必要な得票数に違いをもたらす。小選挙区制においては，当選確実な得票ラインは，有効投票の2分の1に1票を足したものになる。それに対して，大選挙区制においては，有効投票の（定数＋1）分の1に1票を足したものになる。そのため，首長は選挙区全体にかかわるような政策を実施することでより広範な有権者からの支持を獲得する必要があるのに対し，議員は少数の集団，地域において集中的に得票を図るという違いがみられる。

しかし，本章は首長と地方議員が持つこのような差異に注目するのではなく，より包括的に政治家が持つインセンティブに目を向ける。これまでの研究では，政治家は①再選，②昇進，③公共政策の実現という3つの目標を持って行動するとされてきた[12]。その中でも，特に①再選は政治家にとって最も重要な目標であるとされる。その理由は，「政治家は選挙に落ればただの人」[13]という言葉に集約されるように，政治家として活動するためには選挙に勝たなくてはならないからである。このことから，首長も地方議員も政治家であるために，再選可能性を高める必要があるという点では一致していると考えられる。

このように再選目標を第一と考える場合，政治家にとって必要なのは有権者

の支持を得ることである。首長にせよ，地方議員にせよ，政治家は短期的には選挙に勝つという目標のために，より多くの有権者から支持を調達する必要がある。

　このことから，以下のような仮説が導かれる。すなわち，課税自主権が行使される場合，政治家は広い課税客体に課税を行うことを避け，狭い課税客体の税目を選ぶ。広い課税客体に課税を行うことは，一般的にはより多くの有権者に課税を行い，結果として支持を失うことにつながると考えられる。一方で，課税客体が狭い場合には，たとえそれらの課税客体から支持を失ったとしてもその影響は，有権者全体を対象とする場合よりも限定的になる。このため，課税自主権を行使する場合には，より狭い課税客体を選択する可能性が高くなる。

　また，北村が指摘するように，課税自主権が短期的視点に立った政治的要因から行使されるならば，地方政府はより狭い対象に課税を行うと考えられる[14]。長期的視点に立てば，狭い対象に課税を行うことは，将来的な納税者を失うことにつながりかねない。なぜならば，狭い対象でも税収が上がる対象は，もともと一定の額を確保できる税源となっていることが想定されるからである。そもそも，税収が上がらないならば，徴税や制度構築のコストをかけてまで新たに課税を行うインセンティブは少ない。課税される側からみれば，地方が課税自主権を行使することで自らにのみ課税が行われるならば，当然にその課税が行われる地域外に移動するだろう[15]。

　これらのことを踏まえて，本章では，地方政府の課税自主権行使について，超過課税の設定と法定外税の導入という二つの側面を分析する。これによって，三位一体改革を受け歳入確保の必要がある中で，地方政府がどのような課税客体に負担を求めているのかを検討することができる。また，このような負担を求める際にこそ，政治的な要因が重要となると考えられる。

1.4　本章の視点

　本節での検討から地方政府による課税自主権の行使については，制度的な制約があることが確認された。すなわち，地方税法などの定めによって，地方政

府が課税できる税目には一定の制限が課されている。地方政府は基本的には，これらの制約の枠内で課税自主権の行使を行う。

その上で，地方政府が課税自主権を行使する際には，以下の二つの仮説が導かれる。まず，①超過課税が行われる場合，その課税対象はより狭いものとなる。上で述べたように，政治家は広い有権者に課税を行うことで支持を失うことを嫌う。そのため，超過課税を導入するという選択を行う場合には，できるだけ限られた課税対象を選択すると考えられる。

次に，②法定外税が導入される場合，その課税対象はやはり狭いものとなる。法定外税についても，超過課税と同様の論理が働くと考えられる。地方政府が自律的に税を設定するならば，限られた課税対象を選択すると考えられる。次節では，これらの仮説について検証を行う。

2．地方政府の課税自主権

本節では，日本の地方政府が課税自主権をどのように行使しているのかを検討する。その中では，まず超過課税についての検証を行い，次いで法定外税の状況をまとめる。

2.1 超過課税

第1節でみてきたように，日本の地方政府の課税自主権には一定の制約が課されている。その中で，実際にはどのように課税自主権が行使されてきたのだろうか。

まず，都道府県の状況からみて行こう。表2をみると分かるように，超過課税は課税額としてはそれほど大きなものとはいえない。しかし，ここで注目したいのは，額ではなく，課税を行っている団体の数である。この点について，都道府県においては個人住民税に関して70％を超える都道府県が超過課税を行っている。このことから，幅広い課税客体に課税を行っているようにみえる。

しかし，法人税をみると，法人住民税均等割では個人住民税と同じく70％を

表2　都道府県の超過課税状況

区　　分	2012年度				
	団体数	割合	課税額	歳入割合
道府県民税個人均等割	33	70.2%	19,966	0.14%
道府県民税所得割	1	2.1%	2,658	0.02%
道府県民税法人均等割	33	70.2%	9,560	0.07%
道府県民税法人税割	46	97.9%	92,617	0.65%
事業税法人分	8	17.0%	97,418	0.69%
自動車税	1	2.1%	14	0.00%
合計			222,232	1.57%

【出所】『平成26年度地方財政白書』をもとに筆者作成。課税額は百万円，歳入割合は，各道府県歳入全体に占める割合である。

超える都道府県が超過課税を行っている。さらに，法人住民税法人税割では，静岡県を除くすべての都道府県で超過課税が行われている。また，法人事業税に関しても，数は8都府県と少ないものの[16]，額としては法人住民税法人税割とほぼ同じ規模の超過課税が行われている。

　これらのことから，都道府県においては，比較的広い課税客体にも超過課税が行われていることが分かる。さらに，法人税という数としては圧倒的に個人住民税よりは限られた対象に対してより重い課税が行われていることが示されている。

　この傾向は，基礎自治体レベルをみるとより顕著になる。表3は，基礎自治体における超過課税の状況を示したものである。まず，個人住民税における超過税率の設定が極めて少ないことが分かる。個人住民税均等割で超過税率を設定しているのは夕張市と横浜市，個人住民税所得割で設定しているのは夕張市と豊岡市のいずれも2市にとどまっている。次に，固定資産税をみると，全体の10%弱の自治体が超過税率を設定しており，個人住民税よりは多くの自治体が採用している。

　それに対して，法人住民税では，法人住民税均等割が20%強，法人住民税法人税割に至っては約58%と半数以上の自治体が超過税率を採用している。税収

表3 基礎自治体の超過課税状況

区　　　分	2012年度			
	団体数	割合	収入額	歳入割合
個人住民税均等割	2	0.12%	1,619	0.01%
個人住民税所得割	2	0.12%	69	0.00%
法人住民税均等割	401	23.33%	15,259	0.08%
法人住民税法人税割	996	57.94%	227,861	1.12%
固定資産税	159	9.25%	34,130	0.17%
合計	―		279,650	1.38%

【出所】『平成26年度地方財政白書』をもとに筆者作成。課税額は百万円，歳入割合は，各基礎自治体歳入全体に占める割合である。

をみても，法人税割は2000億円を超えており，これは法人住民税法人税割のおよそ7分の1を占めている。

このように，基礎自治体レベルでは，個人住民税に関してはほとんど超過税率を設定していないことが分かる。また，固定資産税についても，全体の10%弱の自治体が超過税率を設定するのにとどまっている。これに対して，法人住民税については，法人税割では半数以上の自治体が超過税率を設定するなど，個人住民税などとの対比が際立っている。また，納税義務者数でみても，個人住民税の納税者数はおよそ6000万人なのに対して，固定資産税は4700万人であり，法人住民税法人税割は360万人にとどまる[17]。つまり，課税客体がより狭い範囲になるほど，超過税率の設定が行われる傾向がみて取れる。

以上のように，超過税率の設定からは，より狭い範囲の課税客体に税が課されているという傾向が示唆されている。また，より詳しくみると都道府県，市町村のいずれも，法人住民税，法人事業税等で超過課税が設定されている場合に，同時に資本金額や従業員数等によって軽減税率が設定されていることが多い[18]。これは，より数の少ない規模の大きな法人に絞って超過課税が設定されていることを意味する[19]。しかし，数が少ないにもかかわらず，上でみたように超過税率による法人住民税の税収は一定の割合に及んでいる。このことからも，地方政府がより狭い課税客体に超過課税を行っていることが分かる。

2.2 法定外税

次に，日本の地方政府における法定外税の状況についてみていこう。先の図3と4でみた通り，日本の地方政府税収に占める法定外税の割合は非常に小さい。そもそも，日本の地方政府が法定外税を導入するには，総務省との事前協議を行い，国の同意を得る必要がある[20]。国はいくつかの条件にあてはまる場合を除いて同意しなければならないとされる。しかし，同意を得る必要があるという制約は地方政府が課税自主権を行使する際に，法定外税を選択することを難しくしている可能性がある。

まず，都道府県の法定外税の状況をまとめたのが，表4である。これをみると，都道府県においては多くの法定外税が一つの都道府県のみが導入した税であることが分かる。その中で，21団体が導入しているのが産業廃棄物税，それに次ぐ11団体が導入しているのが核燃料税である。これらの税目は，いずれも課税客体が限られている。また，いずれの税目も産業廃棄物の適正な処理や核施設の安全対策など使途が限定的であるのが特徴である。さらに，都道府県の法定外税では，上記の税目も含めて，宿泊税や乗鞍環境保全税など利用者負担の原則に則った税目が多いことが分かる。

次に，基礎自治体についてみてみると，表5に示した通り，基礎自治体においては法定外税はほとんど活用されていないといってよい。全国で1700余りある自治体の中で，法定外税を導入しているのはいずれも一桁にとどまっており，極めて例外的な事例であるといえる。

以上のように，法定外税は地方政府の課税自主権行使の手段として，それほど多く選択されているわけではないことが明らかとなった。その中では，課税客体が限られた税目が多いものの，利用者負担との関係で税が設定されている場合もある。地方政府での導入事例が限られていることもあり，法定外税に関しては政治的要因が強く表れているとまではいえない。

表4　都道府県法定外税の状況

区　　分	2012年度 団体数	割合
【普通税】石油価格調整税	1	2.13%
核燃料税	11	23.40%
核燃料物質等取扱税	1	2.13%
核燃料等取扱税	1	2.13%
臨時特例企業税	1	2.13%
【目的税】産業廃棄物税	21	44.68%
宿泊税	1	2.13%
産業廃棄物処理税	1	2.13%
産業廃棄物埋立税	1	2.13%
産業廃棄物処分場税	1	2.13%
乗鞍環境保全税	1	2.13%
産業廃棄物減量税	1	2.13%
循環資源利用促進税	1	2.13%
資源循環促進税	1	2.13%

【出所】『平成26年度地方財政白書』をもとに筆者作成。

表5　基礎自治体の法定外税の状況

区　　分	2012年度 団体数	割合
【普通税】狭小住戸集合住宅税	1	0.06%
砂利採取税	2	0.12%
別荘等所有税	1	0.06%
歴史と文化の環境税	1	0.06%
使用済核燃料税	1	0.06%
空港連絡橋利用税	1	0.06%
【目的税】使用済核燃料税	1	0.06%
遊漁税	1	0.06%
環境未来税	1	0.06%
環境協力税	3	0.17%
山砂利採取税	1	0.06%

【出所】『平成26年度地方財政白書』をもとに筆者作成。

3. 本章のまとめ

本章では，日本の地方政府の課税自主権の状況がどのようなものであるのか，また，課税自主権の行使に政治的な要因がどのような影響を及ぼしているのかについて検討を行ってきた。

まず，多くの地方政府が超過課税という形で課税自主権を行使していることが明らかになった。その一方で，法定外税は例外的な課税手段であることも確認できた。これらのことから，日本の地方政府は基本的に地方税法など法の枠内で課税自主権を行使していることが分かる。

次に，個別の制度についてみてみると，超過課税に関しては，課税ベースが広い税目ではなく，より狭い範囲に課税する税目が選択されていることが示された。広く薄く税負担を行うのではなく，狭い範囲に，しかし一定の税収が期待できる税目が選択されているといえる。これには，政治的な要因も一定程度影響を及ぼしているのではないかと考えられる。この点に関しては，事例研究などを通じて検討を行う必要があるものの，地方の課税政策が政治的な決定であるという側面は無視できない。

しかし，長期的な視点からみるとこのような短期的視点に基づく政治的な課税の在り方はおそらく望ましいものではない。そもそも，地方政府における課税自主権の行使が政治的な影響を受ける最も大きな理由は，地方政府が持っている税目にある。第3節で確認したように，日本の地方政府は個人に対する課税（個人住民税，固定資産税，消費税）とより限定的な課税対象に対する課税（法人事業税，法人住民税）という大きく分けて二つの課税手段を持っている。その中で，これらの税目のうち実質的に地方政府が課税自主権を行使することができるのは，消費税を除いた税目ということになる。

この制度的な制約こそが，政治的な課税を生じさせる大きな理由となっている。地方政府にとって，課税自主権を行使する際に課税ベースが広い税目と狭い税目が混在しているならば，政治的には課税ベースが狭いものの一定の税収

が見込まれる税目が選択されやすい。具体的には，個人住民税や固定資産税よりも法人に対する課税強化が選択されやすい。そのため，税負担の公平性という観点からは，地方政府による課税自主権の行使には課題が付きまとうことになる。

次に，法定外税については，地方税法の枠外である点から地方政府の財政的自律性の拡充に資する制度であると思われるものの，現実には導入が進んでいない。これは，法定外税の導入について総務省との協議が必要であることなどが影響していると考えられる。この点に関して，どの地方政府がどのような理由で法定外税を導入しているのかについて今後検討する必要がある。特に，法定外税制度の中で最も導入が進んでいる産業廃棄物税がどのように導入され，波及していったのかについて検討することが重要である[21]。

現在，地方政府の課税自主権の拡充が議論されている。本章での議論を踏まえれば，その中で最も重要なのは，地方政府がどのような税目で課税自主権を行使できるようにするのかという点である。課税自主権を単純に拡充すればよいというものではなく，地方にどのような税目を割り当てるのかについては，慎重な議論が必要となる。本章の議論は，今後の地方税制度のあり方について，課税自主権という側面から光をあてたものである。本章で示した課題を乗り越える形で，今後課税自主権をめぐる議論が実質的な地方政府の財政的自律性を増す方向性に進むことを期待したい。

【参考文献】
池上岳彦（編著）（2004）『地方税制改革』，ぎょうせい。
伊藤修一郎（2002）『自治体政策過程の動態―政策イノベーションと波及』，慶応義塾大学出版会。
北村亘（2004）「都道府県の法定外税導入の分析」，『レヴァイアサン』，35巻，30-58頁。
北村亘（2010）「地方税財政」，村松岐夫（編）『テキストブック地方自治』，東洋経済新報社，89-112頁。
城戸英樹・中村悦大（2008）「市町村合併の環境的要因と戦略的要因」，『年報行政研究』，第43巻，112-130頁。
久保慶明（2009）「地方政治の対立軸と知事―議会間関係―神奈川県水源環境保全税を事例

として」,『選挙研究』, 第25巻1号, 47-60頁.
砂原庸介（2011）『地方政府の民主主義―財政資源の制約と地方政府の政策選択』, 有斐閣.
曽我謙悟・待鳥聡史（2007）『日本の地方政府―二元代表制政府の政策選択』, 名古屋大学出版会.
高井正（2013）『地方独自課税の理論と現実―神奈川・水源環境税を事例に』, 日本経済評論社.
建林正彦（2004）『議員行動の政治経済学―自民党支配の制度分析』, 有斐閣.
谷聖美（2009）「政党と政党政治の変動」, 伊藤光利（編）『ポリティカル・サイエンス事始め（第3版）』, 有斐閣, 51-72頁.
沼尾波子（2004）「課税自主権の論理と実態」, 池上岳彦（編著）『地方税制改革』, 224-266頁.
前田高志（2010）「地方公共団体の課税自主権―法定外税を中心として」,『産研論集』, 第37巻, 35-46頁.
Fenno, Richard F. Jr.（1973）*Congressmen in Committees*. Boston: Little, Brown & Company.
Mayhew, David R.（1974）*Congress: The Electoral Connection*. New Haven, CT: Yale University Press.
Peterson, Paul E.（1981）*City Limits*. Chicago: The University of Chicago Press.
Tiebout, Charles M.（1956）"A Pure Theory of Local Expenditures." *Journal of Political Economy* Vol. 64 No. 5, pp. 416-424.

---

(1) 城戸・中村（2008）など.
(2) 総務省自治税務局資料（2011年6月29日）"http://www.soumu.go.jp/main_content/000120266.pdf"（アクセス日：2014年5月20日）
(3) 沼尾（2004）, 225頁.
(4) 地方財政白書では, 東京都のデータが除かれている. これは, 他の都道府県と比較して, 東京都の法人税収が圧倒的に大きいなど外れ値の要素が多いためであると思われる. 本章でも, 都道府県の全体的な傾向を把握するため, 東京都を除いたデータを用いる.
(5) 例えば, 池上（2004）, 前田（2010）など.
(6) 高井（2013）.
(7) 砂原（2011）.
(8) 二元代表制における日本の地方政府の政策選択については, 曽我・待鳥（2007）.
(9) 北村（2004）.
(10) 久保（2009）.
(11) 砂原（2011）.
(12) Fenno（1973）, Mayhew（1974）, 建林（2004）など.
(13) 谷（2009）, 56頁.

⒁　北村（2010）。
⒂　この点について，いわゆる足による投票が行われる可能性がある。足による投票については，Tiebout（1956）参照。また，基礎自治体の政策展開に関して企業などが課税を嫌って移動する可能性について論じた研究として，Peterson（1981）参照。
⒃　超過課税が行われているのは，宮城，東京，神奈川，静岡，愛知，京都，大阪，兵庫の各府県である。
⒄　総務省「地方主要税目の納税義務者数の推移」。
⒅　総務省「平成25年度法人住民税・法人事業税税率表」。
⒆　新規の企業立地を図るために，規模にかかわらず新たに事業所を設置する法人等に軽減税率を設定している地方政府も存在するが，その数は限られている。
⒇　総務省「法定外税の概要」"http://www.soumu.go.jp/main_content/000165239.pdf"（アクセス日：2014年5月20日）。
㉑　政策波及の議論については，伊藤（2002）参照。

地方法人税改革：試案

一橋大学政策大学院教授
佐藤 主光
Motohiro Sato

1.「一体改革」で残された課題

 「社会保障と税の一体改革」（以下，一体改革）では，2015年10月まで2段階に分けて消費税率を現行の5％から10％に引き上げるとともに，増税分を全額「社会保障財源化」することが決まった。増税率5％のうち，地方消費税率に1.2％，地方交付税（法定分）に0.34％，合計1.54％が地方に割当てられる。しかし，一体改革で残された地方税制の課題は少なくない。地方消費税の拡充は地方税源の安定性と偏在性の是正に一定の役割を果たすだろう。しかし，その不安定と偏在の源泉たる地方法人課税の見直しは手付かずに残っている。その一例は地方法人特別税である。同税は「税制の抜本的な改革において偏在性の小さい地方税体系の構築が行われるまでの間の措置」として，地方法人事業税の半分を国税化する形で創設された。税制抜本改革法（平成24年8月成立）によると，「税制の抜本的な改革に併せて抜本的に見直しを行う」とあるが，その見通しは必ずしも定かではない。平成26年度税制改正では①地方法人特別税のうち3分の1（5900億円相当）を法人事業税に戻す一方，②新たに法人住民税の一部（5000億円相当）を「地方法人税」として国税化，地方交付税の原資に充てることになった。しかし，「抜本的に見直し」からは程遠い感は否めない。

 加えて，地方税としての地方消費税の位置づけも曖昧なままだ。ここで現行の地方税の課題として，地方消費税のジレンマを取り上げたい。それは①「自

主財源」としての地方消費税と②（増税率1.2％分に係る）社会保障財源としての地方消費税の間にある。前者を重視するのであれば，社会保障目的税とするか否かを含めて，その使途は地方の裁量に委ねられるべきであろう。他方，後者は実質的に地方消費税を「ひも付き」の特定財源にしている。所詮，おカネには色はないこと，社会保障関連の地方支出は今後とも増加が見込まれることから問題はないとの意見もあろう。しかし，単独事業を含め地方の社会保障支出が，国の認める「制度的に確立した」社会保障給付の枠内に収まるとは限らない。使途の妥当性を巡って国（特に財務省）と地方（及び総務省）との間で対立が生じることは想像に難くない。

　この二面性は地方消費税の配分基準にも矛盾をもたらす。地方消費税の税収は商業統計等をベースに①「最終消費地」（仕向地）主義に基づいて配分（清算）されている。消費税負担が消費者に帰着する以上，税収配分と負担者の所在が一致することは自主財源としての性格に適うだろう。無論，現行の配分基準が精緻ではないとの批判もあるが，これは最終消費地主義の徹底を図る見方だ。他方，社会保障目的であるならば，その配分は②社会保障のニーズに即することに一定の合理性が見出せよう。具体的には，高齢者人口や社会保障給付の実績などを配分基準とすることだ。かつての道路特定財源の地域間配分も道路延長等に拠っていた。これは1.2％を「地方共同税」とするに等しい。交付税同様，自治体全体でみれば，「地方固有の財源」であるが，その配分は地域間の連帯（再分配）を重んじるということだ。

　つまり，社会保障目的を掲げつつ，その自主財源としての性格と最終消費地に拠る配分基準を維持することには（政治的なレトリックはともかく）論理的に無理がある。更に今後とも増税分はすべて社会保障目的というのであれば，地方税のタックスミックス（税収構成）を見直す改革を進める上での障害になりかねない。後述する通り，地方法人課税の比重を下げて，減収分を地方消費税の増税で賄うという選択肢がなくなるからだ。

　本章では地方消費税・地方法人特別税を含む現行の地方税制の課題を整理するとともに，「ポスト一体改革」として中長期的な観点から地方税の「グラン

ドビジョン」について考えていく。従来，税制改革の議論は既得権益への配慮など政治的実現可能性に偏重してきたように思われる。確かに「税は政治そのもの」と言えるが，その帰結は「経済そのもの」である。(高度に合理的かつ「慈悲深い」政府でもない限り) 政治的に望まれる税制が経済的に望ましい (公平・効率) わけではない。「政治の論理」(妥協とレトリック) から「経済の論理」(実態とロジック) への改革の転換が不可欠と筆者は考える。

2. 地方税の課題

わが国の地方税の特徴は (国際的にみても) 高い法人課税 (法人二税) 依存にある。地方自治体の課税自主権の行使 (超過課税) もこれら法人二税に偏ってきた。その経済的帰結は①地方税収の不安定であり，②地域間での税源の偏在 (人口一人当たり税収の格差) である。また，③自身の懐の痛まない税金の使途については有権者たる地域住民は無関心になり易く，自治体の財政規律を弛緩しかねない。なお，地方自治体が課税自主権を行使 (税率決定・徴税) する上で「望ましい地方税」の条件としては，①税収が安定的であること，②地域間で偏在しないこと，③課税ベースが地域的に固定している (地域間移動を誘発させることなく安定的に課税自主権を行使できる) こと，および④地域住民の財政責任が明瞭であることが挙げられる。しかし，法人二税はこうした条件のいずれも満たしていない。

応益課税は受益への「対価」と位置づけられる。しかし，同じ対価でも市場価格と同じわけではない。市場価格とは違って税支払いの増加は受益の増加と一対一で対応していない。たとえ，制度上，法人事業税等が法人税で損金算入されているからと言っても，経済上，原材料の購入等，市場取引と同一視することはできない。ここで税の効果を①公共選択 (政策決定) レベルと②私的選択 (市場) レベルに分けて考えたい。応益原則や応能原則といった税の公平感は公共選択として税率や課税ベースの決定の根拠に係る「説明責任」を納税者に果たす役割を持つ。何故，税金を払う義務を負うのか，その根拠が明らかで

ない税制は不公平であるばかりか，納税者からの信認を損ないかねない。他方，一旦，課税が決まった後の納税者等，経済主体の私的選択レベルでの反応が，所謂，税の「誘因効果」である。税の経済的な帰結はこの誘因効果と市場を通じて波及する税負担の転嫁・帰着による。税はあくまで税である。異なった課税原則を掲げたとしても，その帰結が異なるわけではない。例えば，法人税も法人事業税・法人住民税も（外形標準課税や均等割りといった違いはあるが）いずれも概ね法人所得への課税となる。同じ法人所得課税である以上，いずれの税の経済的帰結は同様である。「念じても（応益原則を唱えても），スプーンは曲がらない（結果は左右されない）。」

　経済効果に着目すると地方法人課税の問題が明らかになる。その一つが法人企業は税を支払っても，それを負担することはないということだ。一般に税の支払いと負担は異なる。そのかい離は税負担の転嫁と帰着による。企業は納税の原資をねん出するため，製品改革を引き上げるかもしれない。その場合，税を負担するのは同製品を購入する消費者・事業者ということになろう。負担の構造は消費税と変わらない。あるいは企業が人件費を抑制するならば，実質的には賃金課税となる。無論，負担の一部は企業の収益の低下に繋がるだろう。しかし，課税に起因する収益低下は中長期的には企業の他地域への流出を促しかねない。実際，経済のグローバル化に伴い企業・資本の国際的移動性は高まっている。高い法人税は日本企業の抱える「六重苦」の一つである。

　地方法人課税の問題は地方税の枠内に留まらない。我が国の法人税の「実効税率」は約40％（復興増税を含む）と先進諸国の中でも最も高い水準に留まってきた。アジア諸国との比較では，その平均26％に対して際立って高い。ここでいう高い法人税の中には地方法人課税も含まれる。「地方」税だから「グローバル」経済とは無関係というわけではない。この40％のうち約10％相当は法人二税による。国際的に税負担は企業の拠点の海外流出，海外からの資本誘致の阻害要因になり得る。国内に留まる企業についても，税負担は製品の生産コストを高め，海外市場での競争力が損なってしまう。企業が生産拠点を海外に移す，あるいは海外の安い製品に押されて競争力を失うならば，そのしわ寄

図表1　我が国の地方法人課税の課題

	課　題
地方税制	税収の不安定 税源の地域間偏在 地域住民のコスト意識の欠如
グローバル経済	国際的に高い実効税率

せは賃金や雇用の減少という形で労働者に及ぶ。このように拡散する税負担の帰着が，課税原則たる応益性に見合うという根拠はどこにもない。このため「日本に立地する企業の競争力強化と外資系企業の立地促進のため，法人実効税率を主要国並みに引き下げる」（新成長戦略（2010年6月））が求められてきた。

3．課税の誘因効果と帰結

「社会保障と税の一体改革」以降，我が国でも税金は国民にとってより身近な話題になってきた。しかし，税に対する理解が国民に浸透しているとは言い難い。所詮，「分かり易い」論調が受け入れられている面も否めない。しかし，分かり易いことが正しいわけではない。税金については特に然りである。本節では税の経済効果について概観したい。

　税は思いがけない反応をもたらすことがある。その事例として中国の不動産課税の強化がある。中国政府は不動産バブルの抑制を図るべく2013年3月1日から中古住宅の売却益に対して20％の課税を行うとした。ただし，2軒の住宅を保有する夫婦が離婚した上で自分名義に変更して売却した場合には，一定の条件を満たすと課税は免除される。その結果，節税のために，偽装離婚が続発しているという。「不動産を売却したらまた復縁する」らしい。中国には昔から「上に政策あり，下に対策あり」と言われるが，その実例にあたる。フランスではオルランド政権が所得税の最高税率を75％に引き上げる税制改革を提唱したことがあった。その結果，フランスから多くの富裕層が隣国ベルギーなど

海外に流出したという。金持ち課税は一見政治受けは良いし，建前では「われわれに課税せよ」ともいうかもしれないが，実現し難い例の一つだ。

　さて，「下に対策」は，わが国にも見受けられる。最近で言えば，発泡酒や第三のビールも高い酒税率を逃れる企業の「対策」といったところだろう。相続税には小規模宅地等について課税価格の計算上，優遇がある。また，市町村の固定資産税では小規模住宅の課税標準額が6分の1に圧縮され，課税額が減じられている。「日本人の家は兎小屋」と揶揄されたりするが，これらの軽減措置を享受するための対策の面も否めない。

　一般に税金には「誘因効果」が伴うことが知られている。ここで誘因とは税金に対する人々や企業の反応（＝対策）を指す。ミクロ経済学ではこれを家計の効用最大化や企業の利潤最大化（費用最小化）行動として学ぶ。こうした個々の経済主体の誘因の帰結は市場における需要や供給の変化を通じて市場価格・賃金等に及ぶことになる。先述の中国の偽装離婚も仏富裕層の外国籍習得も誘因効果の一例だ。「課税逃れは怪しからん」という意見もあろう。しかし，ここで重視すべきは納税者のあるべき行動（規範）ではなく，彼等の行動の実際である。

　消費税を含め国民全体に広く負担を求める税はしばしば「社会参加の会費」として，インフラ等公共サービスへの対価を分かち合うものと位置づけられてきた。これは応益課税にあたる。（他方，所得格差の是正機能を含むのが応能課税である。）しかし，一般に税金は同じ応益負担を旨とする市場価格と同じではない。市場価格は消費者主権の原則に基づく。つまり，市場価格の支払いは「自発的」であり，そこでは自らの満足（ニーズ）を充足する消費者の選択が尊重されている。支払いは自らの受益（財貨・サービスの購入量）に応じる。他方，税の支払いは強制的である。受益と負担に一対一の対応関係があるわけでもない。公共サービスごとに値付けがなされているわけではないからだ。納税の多寡に応じて受益が連動しているわけでもない。このため家計や企業など個々の経済主体からみれば，税金は純然たるコストの一部に過ぎない。たとえ，「社会参加の会費」といった課税の趣旨に賛同はしていても，納税者各々は自

身の負担を抑えるように誘因付けられることになる。

　課税は人々の勤労や投資の誘因にも影響する。例えば,「税金は富裕層が払うべき」というのは世間的にはウケがよい。しかし,留意すべきは成功を夢見て努力している人々や新興(ベンチャー)企業の存在だ。富裕になるにも,才能や幸運に加えて,応分の努力・意欲が求められる。人よりも多く働いたり,リスクのある事業にも果敢にチャレンジしたりすることだ。「結果」として豊かな個人・企業に重い税金を課すような,前述のドパルデュー氏の言葉を借りれば「成功を収めた人や,才能がある人を罰しようとする」ことは,こうした「潜在的」な成功者の意欲までも阻害するだろう。

　その結果,税金がなければ,実現したであろう新たな事業,新製品や新技術の開発からの利益が経済から永遠に失われてしまう。こうした所謂「逸失利益」が課税の経済的費用に他ならない。税の「超過負担」(あるいは死荷重)という。この費用は会計や統計には明示的に表れないが,確かに存在する。このみえないコストは税金の怖さでもある。知らずと経済の活力を奪っていくからだ。

　誘因効果は税負担の他者への転嫁にも繋がる。法人税などはその典型例である。税金の支払原資を捻出するよう企業は自分等の製品価格に税金分を上乗せする誘因を持つかもしれない。とすれば,法人税は消費税同様,消費者の負担に帰する。消費税が逆進的で不公平ならば,法人税も同様だ。あるいは,企業は国内で利益を出すのを控えるよう生産規模を縮小したり,税金の安い海外に生産拠点を移転させたりすることもあり得る。工場の閉鎖となれば,そこで働いていた労働者の雇用が失われる。つまり,法人税は雇用の喪失という形で労働者の負担となってしまう。

　税金を理解する上で厄介なのは,税を支払う者(納税者)が必ずしもそれを負担する者と同じわけではない,つまり負担の転嫁が生じることにある。実際,法人企業は法人税を支払っても,負担することはない。税を負担する(その痛みを感じる)のは生身の人間(消費者や労働者等)だけである。法人課税(及び配当に係る二重課税)を巡ってはしばしば法人を独立した担税主体とみなす

「法人実存説」と法人は単に株主等個人のベールに過ぎないという「法人擬制説」が論じられてきた。しかし，ここで重要なのは法人企業をどのように見做すかではなく，その実態にある。法人税の実態は負担の転嫁だ。

　法人事業税・法人住民税といった地方法人二税も例外ではない。前述の通り，従来，地方法人二税を巡る議論では，受益者負担という課税の理念が重んじられてきた。（地方法人課税の課題については後の稿で詳しく述べることにしたい。）しかし，応益課税を建前としても，誘因効果を介した負担の転嫁の結果が応益性に適っているわけではない。

　いずれにせよ課税の効果というのは，こうあって欲しいといった希望的観測やこうあるべきといった信念ではなく，影響を被る経済主体への誘因とその帰結（課税の超過負担や税負担の転嫁）を織り込んだ論理（ロジック）から導かれなくてはならない。さもなければ，「下からの対策」は，「上の政策」の実現を阻むことになろう。誘因を無視した（「誘因両立的」ではない）税は経済に意図せぬ副作用（企業・資本の海外流出や節税行為の蔓延など）を及ぼしかねない。

4．地方税改革に向けて

　無論，税負担の転嫁・帰着は法人課税に限ったことではない。所得税や社会保険料，あるいは固定資産税等にも同様の効果が見受けられる。しかし，我が国の地方税改革は地方法人課税の応益性という「理念」（あるいは応益課税の定義を巡る「神学論争」）に議論が偏重し，負担の転嫁・帰着への考慮が乏しかったといえる。「本音」ベースでいえば，個人住民税や固定資産税として地域住民に課税するよりも，（直接には）参政権のない法人企業に課税する方が，政治的に容易ということかもしれない。しかし，こうした政治的な事情を優先して，課税の帰結を無視することの経済的コスト（雇用や成長の低迷等）は大きい。特に高い成長（よって高い企業収益）を当然視できない現在の我が国において経済に優しくない税制の見直しは急務である。地方税も例外ではない。

「利益を上げている大企業に課税すべき」というならば，利益を上げる大企業を育成する経済環境の整備がまして重要となってこよう。「応能原則」の観点から，法人税減税は富裕層優遇との批判もありそうだ。であれば，所得税の金融所得課税を強化することで対応すればよい。金融所得は現行，税率20％で分離課税されているが，この税率を25％あたりに引き上げることも一案だ。合わせて「損益通算」の徹底（金融所得課税の一体化）をすれば，投資家のリスク・テイキングを損なうことも抑えられる。

　本章の改革案は税収の安定性と偏在を是正するとともに，グローバル経済に即した税体系を構築する。政府税制調査も「グローバル経済の中で，日本が強い競争力を持って成長していくためには，法人税もまた成長志向型の構造に変革していく必要がある」として法人税の実効税率の引き下げを支持している（政府税制調査会「法人税の改革について」(2014年6月))。「国・地方の法人税率の3分の1を地方法人課税が占めることを考えれば，地方法人課税の見直しは，法人税改革の重要な柱」である。前述の通り，(1) 法人住民税と法人事業税は景気に左右されやすいという問題を抱えている。(2)「地方税の税目の中で最も地域間格差が大きい税目」でもある。また，応益課税といった美しい建前に反して，(3) 地方自治体の課税自主権の行使は投票権を有さない法人企業に偏ってきた実態がある。具体的には①法人住民税（法人税割）の廃止と個人住民税（所得割）及び固定資産税（土地）の拡充，②法人事業税・特別税の地方消費税化を進める。

　これに関連して，総務省では地方法人特別税について，「地方消費税率の引上げ時期を目途に，抜本的に見直すとともに，地方法人課税のあり方を見直すことにより地域間の税源偏在の是正の方策を講ずる」との閣議決定（2012年3月30日）を受け，「地方法人課税のあり方等に関する検討会」が設置され，議論が進められてきた。これを受けた平成26年度税制改正が①地方法人特別税の縮減（3分の1）と②法人住民税の一部国税化による地方法人税の創設である。しかし，この問題は地方法人課税の枠内に留まるものではない。国・地方を合わせた我が国の法人課税の在り方，及び個人住民税・固定資産税など住民課税

図表2　地方法人課税

理念（建前）	応益課税
実態	取り易いところから取る課税
帰結	税負担の転嫁・国際競争力の低下

と一体となった地方税体系の再構築として位置づけられるべきであろう。

　（外形標準課税を含めて）従来の地方法人課税を巡る議論は，応益原則といった（誰も反対しにくい）理念が先行するあまり，その経済的帰結を重視されてこなかったように思われる。しかし，応益課税だから税に起因する「歪み」（非効率）を無視できるわけではない。形式的に企業に応益課税を課しても，課税の実態（「取り易いところから取る」志向）が応益性を満たしている保証もない。

　前述の通り，法人課税を法人企業が経済的に負担することはありえない。究極的に税を負担するのは株主（投資家）や労働者を含む「ヒト」であって，法人企業のような「組織」ではないからだ。法人二税が企業の生産コストを高め，よって製品価格が引き上げられるならば，高い支払いを求められる顧客（消費者）が法人税を肩代わりしているようなものだ。負担は消費税と変わらない。企業は税率の高い地域から税率の低い地域に生産拠点をシフトさせるかもしれない。経済のグローバル化に伴い，こうした移動が国境を越えて活発になってきた。企業（資本）の流出は，課税地域における更なる雇用機会の減少を意味する。労働者が課税のツケを負う格好になる。

　いずれにせよ，地方法人課税の見直しにあたっては応益原則の理念に偏ることなく，課税の経済的帰結（非効率や負担の転嫁）に着目した実態（エビデンス）と論理（ロジック）に拠った議論が必要なのである。地方税改革は地方分権を担う自治体，および地域住民へのメッセージ性を有さなくてはならない。その意図が不明瞭ならば制度改革は自治体や住民に対して不安と不信を与えかねないからだ。本章の改革案は，地方法人二税への依存の是正を柱とする。その代替財源として，固定資産税や個人住民税，および地方消費税を挙げる。す

図表3　改革のメッセージ

社会全体	➤新しい経済環境に適応した税制の再構築 ⇒高度成長型（企業課税を軸）からグローバル経済・高齢社会対応型（消費課税を軸）への転換
地方自治体	➤高度成長型（産業インフラの整備）から成熟・高齢社会型（対人給付・サービスが中心）への受益構造の転換 ➤国からの財政移転（交付税等），企業立地（法人二税）を充てにしない安定的な税源の確保 ⇒安定的な公共サービス提供に繋げる
地域住民	➤税金は地域社会への参加の対価 ➤応益原則（「広く薄い課税」）は低所得者への配慮とは矛盾しない

なわち，「法人課税から住民課税への転換」と位置づける。「住民税や固定資産税を含む地方税全体のあり方と，そのなかでの法人課税の位置づけを再検討する」（政府税制調査会（2014年6月））のである。

　これには「金持ち優遇」，「企業優遇」といった批判がありそうだ。しかし，我が国において，経済成長を当然視する時代はとっくに過ぎている。現在の日本は，「もはや日本は，経済は一流と呼ばれるような状況ではない」。むしろ，成長を支える税制が求められているといえよう。社会の高齢化，経済のグローバル化など新たな経済環境への対応も不可避だ。「中長期的視点に立ち安定的・持続的な成長を実現」するよう「我が国の潜在力と知恵を引き出すことにより新たな需要の創出と生産性の向上を両立」させる上で，所得課税より消費課税が優位といえる。実際，OECDの実証研究によれば，税収に占める法人税の比重が増えると経済成長にマイナスの影響を及ぼすこと，一方，消費税の比重の増加（代わって所得課税等の低下）は経済成長にプラスであることが示されている。

　自治体の観点からみても，法人二税に依存し続けることにはリスクが伴う。不景気になれば，税収が大きく落ち込む上，工場の移転や生産規模の縮小と

いった事態が起きると財政は一気に悪化しかねない。他方，地方支出の構造は産業インフラの整備から高齢化に伴う医療・福祉等対人サービスにシフトしている。これらの公共サービスを安定的に提供するためにも税収の不安定は是正されなければならない。

また，法人課税から個人住民税等，住民課税への転換は地域住民の当事者意識の喚起にもつながることが期待される。税への住民の関心が高まれば，地方自治体の財政運営への監視も強化されるだろう。従来，我が国では（地方の）「税金は地域社会への参加の対価」との意識が乏しかった。応益性も法人課税に偏重しており，（政治的配慮から）同じ原則が住民課税には徹底されてこなかった。低所得層の負担が高くなるとの反論もあろうが，財政の機能配分論に従えば，所得再分配は国（中央政府）の機能である。低所得者への支援は国税・社会保障に割り当てる「棲み分け」があって良い。

本改革案の柱の一つには，法人住民税（法人税割）から固定資産税・個人住民税（所得割）への税源構成の変更がある。これは法人課税から住民課税への転換にあたる。ただし，その意図は法人課税の減税に伴う減収分を補てんするための住民課税の強化にあるわけではない。地方自治の基本は住民が地方自治体の財政運営に対して関心（コスト意識）を持ち，これを監視（モニター）することにある。加えて，「限界的財政責任」として知られるが，自治体が独自に行う支出（公共サービスの拡充）は受益者たる住民自らの負担であることが望まれる。これを徹底するには，負担は住民課税に拠らなければならない。その方策として従前の法人課税偏重を改め，住民課税を強化する。また，固定資産税・個人住民税（所得割）の課税ベースを拡大することで広く薄い課税を実現する。これは「地域社会の会費」としての地方税の趣旨に適う。増税には政治的な反発もあろうが，問われるのはその負担に見合う受益の如何である。

5．改革の具体的内容

本章の改革案は地方自治体の自立と責任を高めつつ税収の安定性と偏在を是

正することを狙いとする。合わせてグローバル経済に即した税体系を構築する。その一環として法人税の実効税率（国・地方税率の合計）を引き下げる。法人課税の減税の柱には地方法人特別税及び法人二税（法人事業税・住民税）を充てる。つまり、改革案は①地方分権に適う税制に向けた地方税体系の再編成（税源の見直し）、及び②グローバル経済への対応として国・地方を合わせた法人課税改革という二つの側面を有するものとなる。

　これまで強調してきたように（1）法人住民税と法人事業税は景気に左右されやすいという問題を抱えている。（2）「地方税の税目の中で最も地域間格差が大きい税目」でもある。また、応益課税といった美しい建前に反して、（3）地方自治体の課税自主権の行使は投票権を有さない法人企業に偏ってきたのが実態である。更に後述する通り、（4）減価償却や納税単位（連結法人の場合）が国の法人税と乖離することが税制度を複雑にして納税する企業の負担を高めてきた。改革を通じてこれらの解消を図る。具体的には①法人住民税（法人税割）の廃止と個人住民税（所得割）及び固定資産税（土地）の拡充、②中長期的には法人事業税・法人特別税の地方消費税化を進める。

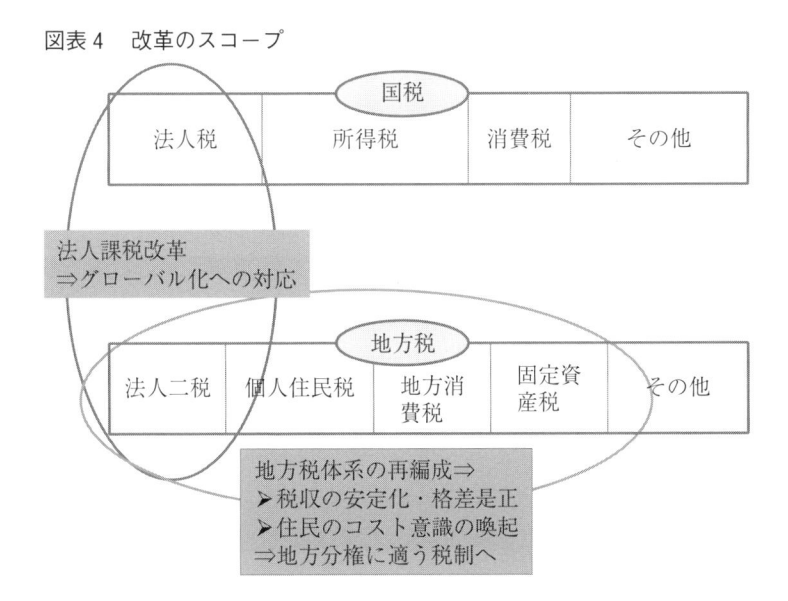

図表4　改革のスコープ

図表5　改革の時間軸

	第1弾	第2弾
コンセプト	社会保障・税一体改革を考慮した当面の改革	あるべき国税・地方税体系へ向けた中長期的な改革
制約	地方消費税の増税はなし	
改革期間	2016～2018年	2018～2020年

　既に「社会保障と税の一体改革」として2015年までに（国・地方を合わせた）消費税率を10％に引き上げること，これを社会保障財源とすることが決まっている。このため，①地方消費税を更に増税した上で，②これを法人事業税・特別税の代替財源（地方の一般財源）に充てることは政治的には難しいと思われる。そこで改革の（政治的かつ実務的）実効性を担保する狙いから，その実施を次の2段階に分けるものとする。第1弾は2016～18年までの「当面の改革」であり，消費税の追加的増税はしない。ただし，固定資産税・個人住民税等の地方税の見直しは排除しない。第2弾は2018年から2020年までを目途として，経済のグローバル化や社会の高齢化等新たな経済環境に即した「あるべき国税・地方税体系へ向けた改革」と位置づける。この改革には地方消費税の増税を含む。

　第1弾の改革として，地方法人事業税（外形標準課税は除く）・特別税を国の法人税に統合の上，共同税化する。徴収も国に一元化する。その狙いは①国・地方の法人課税の課税ベース（所得）を統一することで税制の簡素化を図るとともに，②「共同法人税」の地方シェアには税収配分に（地方法人特別税同様）財政調整を加えることで地域間格差の是正をすることにある。合わせて，③第2弾以降における法人課税の減税を国が機動的に決定する制度的基礎を与える。なお，法人事業税のうち外形標準課税は残される。これは改革の第2弾において地方消費税化する。

　応益原則や地方分権の理念を強調される中，これまで国税と地方税の課税標準のかい離が進んできた。例えば，国の法人税において連結納税制度が導入さ

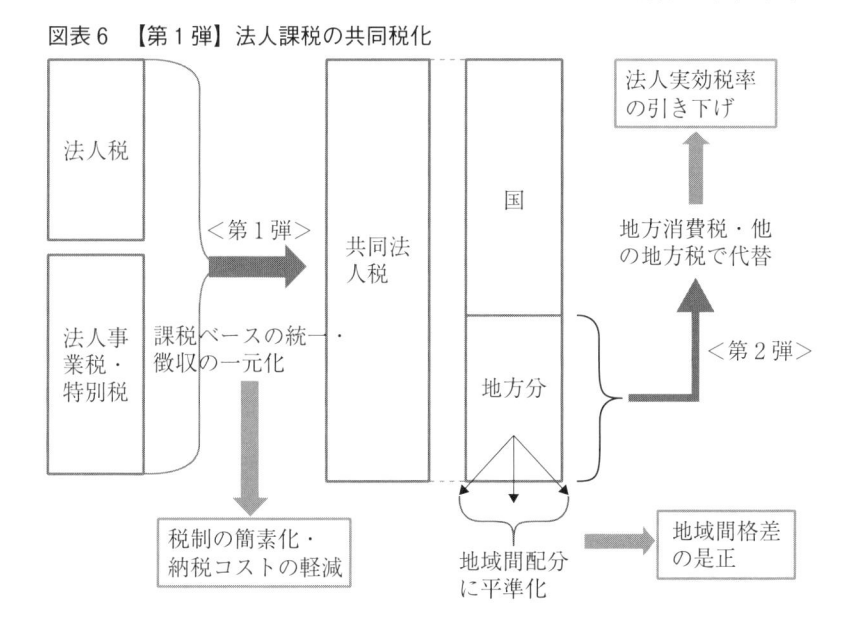

図表6 【第1弾】法人課税の共同税化

れた一方，法人事業税（所得割）・法人住民税（法人税割）については「地域における受益と負担等に配慮し，単体法人を納税主体とする」ことになった。このため，連結決算をする企業は法人税の課税所得と法人二税の課税所得を別々に計算しなければならない。これは法人企業の納税事務を煩雑にする。法人事業税については，外形標準課税が法人税と異なる課税標準である上，ガス，電気，あるいは病院等に対する課税方法（収入割）も異なっている。（外形標準課税は残るとしても）法人課税の統合・共同税化は納税コストの軽減に繋がる。

　改革の第2弾の柱になるのは，地方消費税の増税だ。ここで何故消費税なのかについて改めて考えてみたい。グローバル（開放）経済において資本（企業）は国内に留まらず，国境を越えて自由に移動する。このとき，源泉地主義の資本（企業）課税の負担は労働など移動性の低い生産要素に帰着する。資本が高い税率を免れるよう国外に流出するならば，地元雇用の喪失，経済活動の低迷の結果として，こうした生産要素の収益率（労働であれば賃金率）が減じ

られるからだ。(国レベルであっても) 法人税の増税は大企業増税ではなく，(その意図に反して) 労働者の負担に帰することになりかねない。また，複数の国で事業を行う多国籍企業の場合，生産拠点の移動ではなく，利益の発生地を付け替える税務戦略を駆使することで課税を免れることもできる。(国際資本市場で定まる) 一定の世界利子率でもって資本が自由に移動する「小国開放経済モデル」では最適な源泉地主義資本税率はゼロであることが知られている。

　他方，仕向け地主義課税であれば，輸出にはゼロ税率が適用されるため，税負担は海外に転嫁されない。他方，輸入は課税対象となる。この仕向け地主義の性格が，(地方) 消費税を「国際的整合性の確保及び国際競争力の強化」とも整合的にする。実際，消費税 (付加価値税) の比重の増加と法人税の比重の低下は我が国を含めて世界的なトレンドである。消費税はグローバル化に即した課税といえる。「国境調整を通じて税率の変更が国際競争力に与える影響を遮断できる」からだ。その結果，社会保障や地方財源など国内の財政需要の充足をグローバル化の影響から切り離すことが可能になる。

　ただし，本章の改革案では地方消費税の税率は全国一律に留める。自治体が独自に課税自主権 (税率決定) を行使する余地はない。道州への移譲と合わせて税率決定も認めるべきという向きもある。しかし，消費税率が地域間で異なるならば，税率の低い方で消費をする「クロスボーダー・ショッピング」が誘発されかねない。仮に東京都の地方消費税率が増税された一方，神奈川県の税率は据え置かれたとしよう。このとき，多少の時間と交通費が掛かっても東京都民は週末，横浜で買い物をしようと思うかもしれない。加えて，通販の発展した近年では消費者は自ら出向かなくても，低税率な地域から財貨・サービスの購入が可能になる。通販業者も税率の低い地域に立地すれば，高い課税を逃れることができる。消費者や業者の獲得を図って税率引き下げ競争が地域間で起きれば，切磋琢磨どころか安定的な財源の確保が困難になってしまう。

　地方消費税の使途を社会保障に限定しない。真の一般財源として地方自治体の裁量に委ねるものとする。一体改革とは異なり，地方消費税拡充の目的は法人課税依存から消費課税への転換にあるからだ。「税源の偏在性が小さく，税

収が安定的な地方税体系の構築」とともに地方財政をグローバル経済の影響から可能な限り切り離す。単独の増税を可能にするとともに，その負担の所在を明らかにするためにも，国の消費税率に賦課する現行制度を改め，地方消費税を「分離独立化」する。税率は（一体改革後であれば2.2%と）国税とは別に定められる。消費税の引き上げといえば，逆進的との批判もあろう。ただし，これは応能原則の観点からの公平感に拠る。所得再分配が国の役割である限り，担税力に対する配慮は国の責任である。低所得者への配慮であれば，国の所得税制度の中で「給付つき税額控除」によって対処することがあり得よう。地方自治体が配慮すべきは，地域住民の税負担に見合った公共サービスを提供することである。

　なお，法人事業税の縮減には東京都が反対するかもしれない。東京都は地方法人特別税の創設（法人事業税の縮小）には異議を唱えており，これをあくまで「暫定的な措置」としてきた。こうした「政治的制約」を緩める一案は，東京都については例外的な措置を講じることだ。地方税の構造はすべての自治体で同じである必要はない。具体的には，改革の第2弾として地方消費税を増税したとき，その増収分（の一部）を東京都は国に上納する（実務的には国が徴税しているため，国が東京都への配分を減額する）一方，（統合法人税から地方シェアが廃止された後の）国の法人税の一部を東京都に配分する。東京都には地方消費税（増税分）と法人事業税（法人税シェア）確保の間での選択を求めることも一案だ。

　ここで税制改革の概要をまとめておこう。繰り返すが，改革案は①地方税源構成の見直しと法人課税改革の二面があり，②その時間軸は社会保障と税の一体改革を考慮とした第1弾と抜本的な改革を図る第2弾に分けられる。第1弾（2016年〜2018年）は法人税改革として法人事業（外形標準課税を除く）と法人特別税を法人税に統合・共同税化する。その狙いは是正の簡素化（企業の納税コストの軽減）と配分基準の平準化による地域間格差の是正にある。また，法人住民税（法人税割）を減税して，固定資産税（土地）及び個人住民税（所得割）を拡充する。具体的には課税ベースの拡大を含めて，これらの税目の

図表7　改革の概要

	第1弾 2016〜2018年		第2弾 2018〜2020年
	その1	その2	
法人税改革	地方法人事業税・特別税と法人税の統合・共有税化	法人住民税（法人税割）の減税	共同法人税（地方シェア）の減税 外形標準課税の廃止
地方税改革		固定資産税・個人住民税(所得割)の拡充	地方消費税の拡充
効果	➤税制の簡素化 ➤格差是正	➤実効税率の引き下げ ➤法人課税依存の是正（税収の安定化） ➤地方の財政責任（コスト意識の喚起）	

図表8　税源構成の見直し（第1弾）

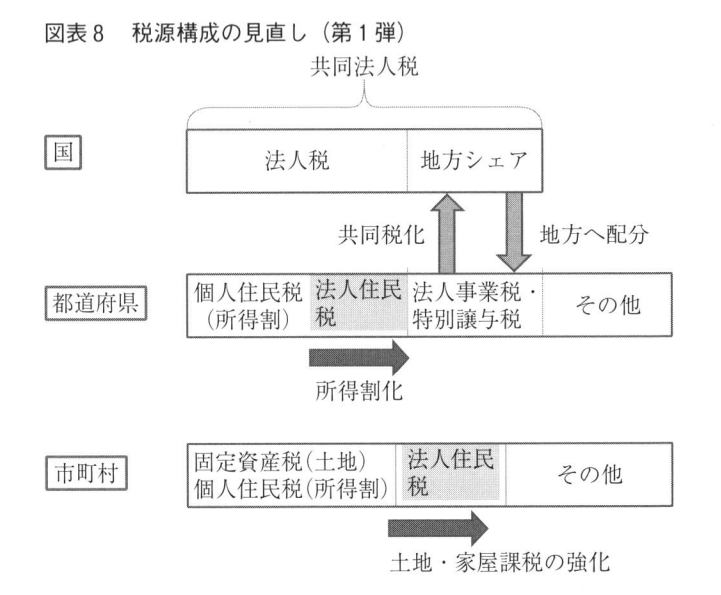

共同法人税

国：｜ 法人税 ｜ 地方シェア ｜

共同税化　　　地方へ配分

都道府県：｜ 個人住民税（所得割） ｜ 法人住民税 ｜ 法人事業税・特別譲与税 ｜ その他 ｜

所得割化

市町村：｜ 固定資産税(土地) 個人住民税(所得割) ｜ 法人住民税 ｜ その他 ｜

土地・家屋課税の強化

図表9　共同法人税の減税（第2弾）
○共同法人税の地方シェア分を減税，地方消費税の拡充で代替（平年ベース）
○地方消費税は地方の一般財源（社会保障目的にしない）

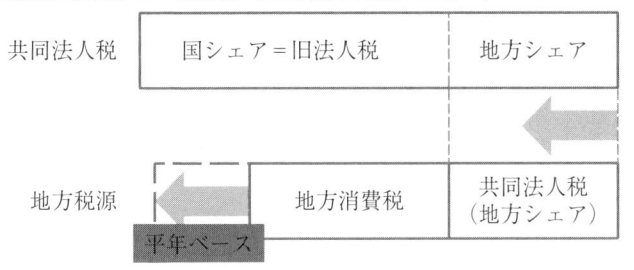

共同法人税	国シェア＝旧法人税	地方シェア

地方税源	地方消費税	共同法人税（地方シェア）

平年ベース

「実効税率」を引き上げるものとする。税収の安定化が図られるとともに，住民課税の徹底によりコスト意識の喚起（を通じた財政規律の強化）に繋がることが期待される。

　改革の第2弾（2018年～2020年）の柱は共同法人税の地方シェア分の減税及び外形標準課税の廃止と地方消費税の拡充にある。もって法人税の実効税率を（復興増税後の法人税率である）25.5％まで引き下げる。地方消費税の増税幅は地方法人税・特別税の税収の「平年ベース」による。

　法人事業税・特別税，及び法人住民税（法人税割）は完全に廃止となれば，法人実効税率は国税の25.5％まで引き下げられる。国際的にみても妥当な水準になる。経済のグローバル化による国際的租税競争にも現行よりは耐えられるだろうし，経済成長の促進に繋がることも期待できる。無論，こうした抜本的な税制改革には当然，政治的な困難を伴う。しかし，改革を阻むのは「既得権益」よりも，むしろ「通念」，つまり思い込みかもしれない。地方法人課税について経済的帰結を考慮することなく，応益原則の理念が先行するのも，これが実現しているに違いないという通念に他ならない。こうした通念の転換も改革の一環と言ってよい。

6．改革の試算

　試算は2000～2010年の税収の平均値を「平年ベース」とする。この場合，改革の第1弾として地方法人事業税・特別税を法人税に統合・共同税化したときの①共同法人税の税率は（法人税の税率は平成23年度改正前の30％を基準に）39.7％，②税収の都道府県シェアは24％（国のシェアは76％）に等しい（図表10）。ただし，試算では（廃止が前提の）超過課税分が含まれることから，地方シェアは（法人事業税の内訳を精査したときに比べて）過大になっていることに留意が必要だ。また，①法人税の軽減税率を加味しないこと，②復興増税の前倒し廃止を勘案していないことなどから税率（39.7％）は高めに出ている。あの，現行の地方法人事業税・特別税は法人税から損金算入されている。共同税化するとこの損金算入の仕組みがなくなるため，法定税率をそのまま上乗せすると税率は過大になる。よって，実効税率ベースが変わらないよう法定税率は調整されなければならない。

　第2弾ではこの24％分が地方消費税化される。合わせて外形標準課税部分も地方消費税に吸収する。法人事業税・特別税の税収を消費税率換算（対地方消費税比率）した結果の推移は図表11に示す通り。2000～2010年の平均は1.7％となる。よって地方シェアの廃止に伴う地方消費税の増税幅は税率1.7％とする。

　地方税改革として法人住民税（法人税割）を固定資産税（土地）及び個人住民税（所得割）で置き換える。ただし，法定税率に留まらず課税ベースの拡大による「実効税率」の引き上げでもって両税を拡充する。ここで実効税率とは税収の控除・軽減措置前の課税ベースに対する比率を指す。住民の「真の負担」を表すものと解釈できる。控除や軽減が手厚いほどこの実効税率は低くなる。

図表10　国と地方の税収配分

共同法人税	対象税目	2000～2010年平均	
		金額（百万円）	比率
国	法人税	10,892,439	0.76
都道府県	法人事業税・特別税	3,529,263	0.24
	合計	14,421,702	1.00
	共同法人税税率（％）		39.7

注：税率は現行の法人税率（復興増税込み）30％を基準に計算
注：法人事業税・特別税から外形標準課税分（平成22年度分）を控除

図表11　地方税の増税

	第1弾	第2弾
固定資産税（土地）	土地の実効税率を0.105％引き上げ	
個人住民税（所得割）	所得割の実効税率を合わせて1％引き上げ ✓ 都道府県＝0.41％ ✓ 市町村＝0.59％	
地方消費税		プラス1.7％増税

参考：法定税率換算（現行の課税ベースを前提に法定税率のみを引き上げた場合）

図表12　消費税率換算（％）

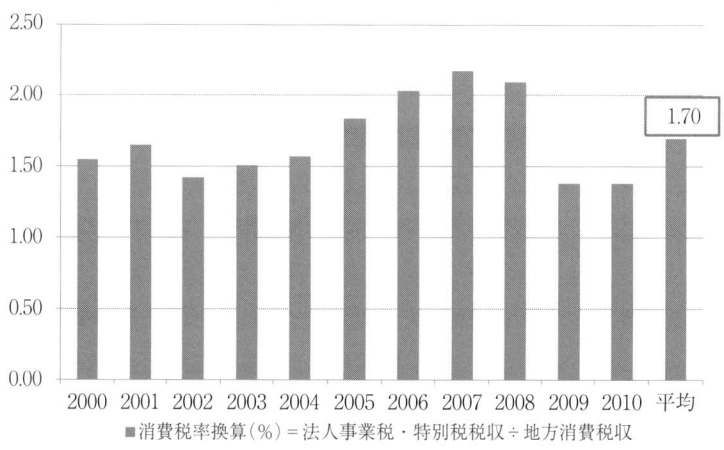

■消費税率換算（％）＝法人事業税・特別税税収÷地方消費税税収

平均 1.70

実効税率＝税収（＝法定税率＊課税ベース）÷控除・軽減税率前の課税ベース
　　　　＝法定税率＊（課税ベース÷控除・軽減税率前の課税ベース）

　ここで法人住民税（法人税割）についても2000～2010年の税収の平均値を「平年ベース」とした。①固定資産税は免税点以上の土地の評価額，②個人住民税は課税対象所得額を各々，控除・軽減税率前の課税ベースとおいている。いずれも2000～2010年の平均値をとっている。

　結果，具体的には①固定資産税（土地）の実効税率の引き上げ幅は0.105％，②個人住民税（所得割）については都道府県・市町村合わせて1％とする。内訳は都道府県が0.41％，市町村が0.59％となる。これら実効税率の増税率は都道府県全体，及び市町村全体（マクロベース）でみて税収中立的になるよう（法人税割の廃止による減収分を賄えるよう）算出されている。ただし，個々の自治体レベル（ミクロベース）にとってみれば，税収は必ずしも中立的にならない。なお，現行の課税ベース，つまり，固定資産税（土地）の免税点以上課税標準や課税所得を前提に，法定税率のみを引き上げるとすれば，①固定資産税（土地）の税率の引き上げ幅は0.32％，②個人住民税（所得割）については都道府県・市町村合わせて1.6％となる。

個人住民税改革

　地方税改革の主眼は単なる法定税率の引き上げではなく，課税ベースの拡大にある。個人住民税については「地域社会の会費」的性格を明確にする観点から広く薄い負担になるよう所得控除は最小限に留め，「政策的な税額控除については，原則として，導入しない」ことが望まれる。しかし，実際のところ，生命保険料控除（最高限度額3万5千円）や 個人年金保険料控除（最高限度額3万5千円））, 地震保険料控除（最高限度額2万5千円））など政策誘導的な控除が行われてきた。政策的控除のほか，手厚い所得控除がある。給与所得控除は給与収入の3割を減じる（給与収入の7割しか課税されない）。公的年金等控除に至っては公的年金収入の半分余りを控除する仕組みになっている。

図表13　個人住民税の実効税率（％）

```
7.00
6.00                                          6.08  6.27  6.25  6.19   6.27
5.00
4.00  4.32 4.32 4.32 4.30 4.18 4.27 4.45
3.00
2.00
1.00
0.00
     2000 2001 2002 2003 2004 2005 2006 2007 2008 2009 2010  平均(2007～2010)
```

■実効税率＝所得割(都道府県＋市町村)÷課税対象所得額

　こうした所得控除の他，人的控除（基礎控除，配偶者控除等），社会保険料控除などを差し引くと，課税総所得は128兆円（平成21年度課税分）に留まる（出所）。課税対象となる収入約264兆円（給与収入（217兆円），公的年金等収入（24兆円），その他収入（23兆円））の半分に過ぎない。「所得割の諸控除については，個人住民税の性格も踏まえて簡素化・集約化などの見直しを図り，課税ベースの拡大に努めるべき」だろう（政府税制調査会（2005年6月））。個人住民税が本来果たすべき財源調達機能の回復にもつながる。

　本章では課税所得の拡大を含む個人住民税の実効税率の引き上げ（増税率は都道府県・市町村合わせて1％）を提言する。図表13はこの実効税率の推移を示している。ただし，同税率は市町村・都道府県合わせた個人住民税（所得割）の（給与所得控除・公的年金等控除を差し引いた）課税対象所得額に対する比率でもって与えられる。法定税率が10％であるのに対して，実効税率は（三位一体の改革の後の）平均で6.3％に留まることが分かるだろう。「広く薄い課税」に適うよう政策的控除を中心に所得控除の縮小を行うことで実効税率を引き上げる余地はある。

固定資産税改革

　個人住民税（所得割）同様，固定資産税（土地）についても課税ベースの拡大を図る。固定資産税は理論的には「望ましい地方税」とみなされてきたものの，実態は課税標準が市場価格から乖離していること，課税対象に家屋や償却資産など資本が含まれていることから非効率や不公平の原因となってきた。土地の評価額は市場価格の7割を目途にするものの，負担の激変緩和や小規模住宅への減免措置が施されることから課税標準額は大幅に圧縮されている。そのため，土地に係る固定資産税の実効税率（＝税収/評価額）は2000〜2010年平均で0.46％と標準税率（1.4％）よりも低い水準に留まってきた。また，現行の用途を前提にするため，（宅地並み課税対象地域を除き）農地の評価額は低められている。市場価格をベースにするならば，理論上，当該土地の潜在的価値に着目した評価があって然るべきだ。

　本改革は市町村の基幹税として固定資産税を充実させるとともに，同税に対する地域住民の信認の確保，彼等の財政責任を徹底することを改革の狙いと位置付ける。ただし，拡充の対象は土地課税とする。（家屋・償却資産課税につ

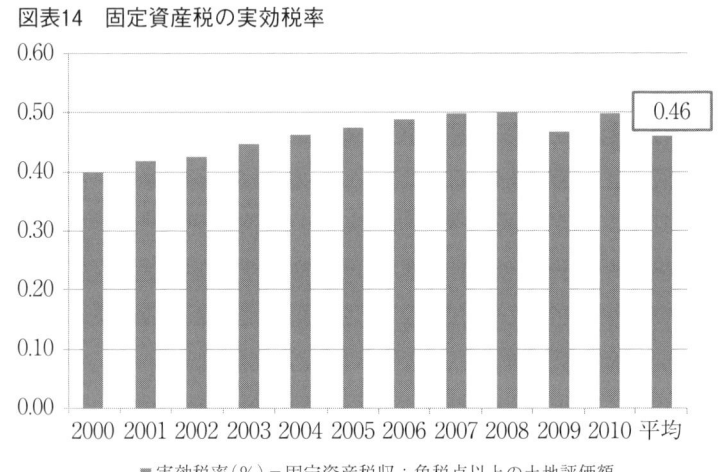

図表14　固定資産税の実効税率

■実効税率(%)＝固定資産税収÷免税点以上の土地評価額

いては現行水準に据え置く。）資本課税の性格を除き，応益説が前提とする「教科書的」な意味での固定資産税に近づけるための措置だ。具体的には小規模住宅等を対象とした課税標準額の圧縮幅を抑えるなど（全廃しないまでも）軽減措置等の縮減により「実効税率」の引き上げ（増税率は0.105％）に努める。地域住民の負担が高くなるとの反論があろうが，問われるべきは，その負担に見合う受益の有無であろう。

改革の経済効果

　本章の税制改革（法人課税改革及び地方税改革）から期待される経済的効果は図表15にまとめた通りである。第1弾として掲げた「共同法人税」の創設（法人事業税・特別税の法人税への統合・共同税化）は直接的には実効税率の引き下げにならないものの税制の簡素化及び格差是正に繋がる。ただし，ここでは交付団体の税収増が交付税の減額に繋がる効果を考慮していない。（現行制度では税収の75％が基準財政収入に算入される。）

　共同税化及び地方消費税化による人口一人当たりの税収変化は図表17に与えた通り。ただし，共同税の税収配分は地方法人特別税と同様とした。総じて東京都など都市圏の自治体で減収，地方圏では増収になることが分かる。

　他方，法人住民税（法人税割）の固定資産税・個人住民税への代替は実効税率を引き下げる他，税収を安定化するだろう。さらに（連結納税を認めない）法人住民税の廃止は企業にとっては納税コストの軽減にもなる。続く改革の第2弾では地方法人事業税・特別税（共同税化後は都道府県シェア）に代えて地方消費税を充実させる。共同税化に比べて税収の格差是正の効果は低い（図表17参照）ものの，景気に左右されにくい地方消費税の比重が高まることで税収の安定化には寄与する。また，地方税改革と合わせると法人税の実効税率は25.5％まで下がることになる（図表16）。減税の内訳は次の通り。各改革単独ベースでは市町村法人住民税の置換（代替財源は固定資産税と個人住民税）による効果は2.9％，都道府県法人住民税の個人住民税への置換による効果は1.2％，共同税のうち旧法人事業税と旧地方法人特別税相当部分の置換による

図表15　改革の経済効果

改革	地方税の格差是正	地方税収の安定化	実効税率の引き下げ	税制の簡素化
法人税・法人事業税・特別税の統一(共同税化)	O	X	X	O
個人住民税・固定資産税の拡充による法人住民税減税	O	O	O	O
地方消費税の増税による共同税(地方シェア)の引き下げ	O	O	O	

図表16　法人税の実効税率

		各改革単独の効果		改革効果の累計(上から順)	
		実効税率	税率の引き下げ	実効税率	税率の引き下げ
現行制度(平成23年度改正)		34.6%		34.6%	
第1弾	市町村	31.7%	2.9%	31.7%	2.9%
	都道府県	33.4%	1.2%	30.5%	4.1%
改革第2弾		29.9%	4.7%	25.5%	9.1%

注：外形標準課税対象法人（資本金1億円以上）かつ年間所得800万円以上の所得に課される税率
注2：実効税率は標準税率を使って算出（超過課税は含まない）

効果4.7%（地方消費税1.7%引き上げ）である。これらを合わせると合計9.1%（うち第1弾で4.1%）実効税率が引き下げられる。アジア諸国に比べて未だ高いとはいえ，現行よりは国際水準に近づく。これはグローバル経済に即した税制に適うだろう。

　図表18では法人課税改革の第2弾（＝法人事業税・特別税の地方消費税化）及び地方税改革（＝法人住民税（法人税割）の固定資産税・個人住民税（所得割）による代替）の効果を合わせて示している。概ね3大都市圏の富裕自治体では減収となる一方，その他の自治体では一人あたり税収が増えることになる。格差是正に寄与していることが示されている。

図表17　一人当たり税収の変化（法人課税改革）

法人事業税・特別税改革

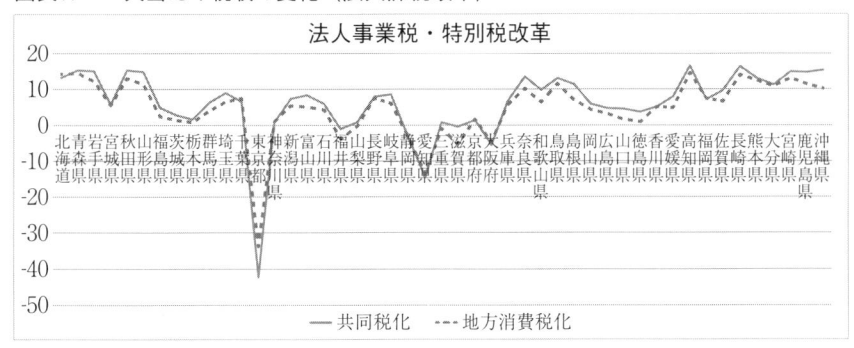

図表18　一人あたり税収の変化（改革の第2弾後）

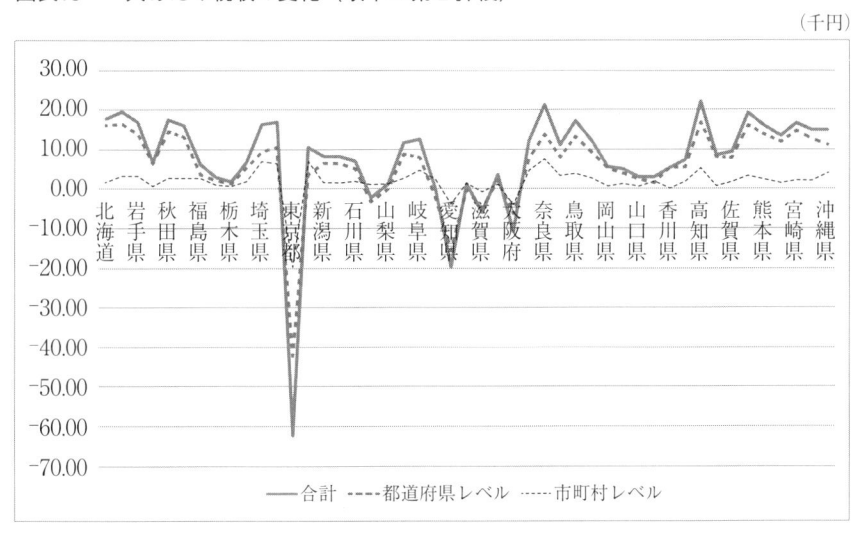

(千円)

7．新たな経済環境に即した税制を

　高い法人課税依存など，我が国の地方税は経済成長に依存した仕組みだった。企業が国内で十分に稼げるほど，高い経済成長の実現が前提になっているからだ。「アベノミックス」による財政再建も成長による自然増収を期待している

ところが大きい。しかし，我が国において，経済成長を当然視する時代はとっくに過ぎている。税制は社会の高齢化やグローバル化と低成長という新たな経済環境に適応したものでなければならない。成長に支えられる税制から，これを支える（少なくとも阻害しない）税制への転換が求められている。課税ベースの拡大，企業課税から個人課税への移行はその一環といえる。なお，福祉国家であるスウェーデンの主要な税収は法人税ではなく，個人所得税や消費税（付加価値税）だ。福祉国家＝大企業課税というのは誤解に過ぎない。福祉国家を持続可能にするにも，税制は経済活動を阻害するものであってはならない。我が国では応益課税を法人二税の根拠の強調する向きがあるが，税収の遍在性や不安定性，および負担の転嫁を勘案すれば，理念に関わらず，その経済的帰結は決して望ましくはない。応益課税はむしろ（広く薄い課税を原則に）地域住民課税にこそ徹するべきだろう。

　これから求められるのは，「ポスト一体改革」の税制のビジョンだ。従前の税制改革は制度の継続性や政治的実効性（既得権益との合意）に重きをおきすぎ，結果として（最終的な着地点も見出せないまま）場当たり的に推移してきた感が否めない。法人課税，地方税の再構築を含めて税制のグランドデザインを改めて考える時期に来ているのではないだろうか？

地方税改革の方向性

元京都大学経済研究所准教授

鈴木 将覚
Masaaki Suzuki

1. はじめに

　日本の地方税改革は効率性と公平性の観点から深く検討されることなく，これまで置き去りにされてきた。2004〜06年には三位一体改革が行われて地方分権改革が前進したが，実施されたのは主にひもつき補助金の削減と地方への税源移譲であり，地方税改革については所得税（国税）から個人住民税への3兆円の移譲と個人住民税率の10％への統一にとどまった。地方税原則に沿った地方税体系への移行が行われることはなく，ひも付き補助金の削減とともに地方交付税総額が削減されたため，自治体間の税収格差が拡大した。マクロの一般財源（地方交付税＋地方税）の水準が維持されつつもミクロレベルで税収格差が広がるという事態は，歪んだ地方税体系を放置したまま地方分権改革を進めることから生じる当然の結果であった。

　その後，2008年度には自治体間の財政力格差の問題に対する国民的な認識が深まり，地方法人特別税が導入された。（改革時には）法人事業税の半分が地方法人特別税として一旦国税化され，それが地方に譲与税として分配されることにより自治体間の財政力格差が緩和された。そして，地方法人特別税は消費税を含む税制の抜本改革までの暫定措置と位置づけられ，抜本改革では地方法人特別税の廃止と国・地方間での法人税と消費税の税源交換が想定されていた。しかし，社会保障・税の一体改革では消費税収が社会保障財源化されたことから，その議論の多くが国・地方の社会保障費の線引きと消費税収の振り分けに

費やされてしまい，消費税率引き上げとともに地方税改革が行われることはなかった。国と地方の税源交換による地方税の歪みの解消は将来に先送りされてしまった。

　平成26年度からは，暫定措置とされている地方法人特別税を現在の3分の2に縮小して，その代わりに法人住民税の一部が地方交付税の原資として利用されることになった。地方法人特別税では法人事業税の一部が一定の基準で全ての自治体に分配されていたが，法人住民税の一部地方交付税化では法人住民税の一部が財源の足りない自治体に手厚く配分される一方で，不交付団体には全く配分されない。このため，新しい制度の下では今までよりも地方財政の再分配機能は高まる。しかし，再分配機能が高まるとはいえ，法人住民税と地方交付税をリンクさせる改革は地方財政をいたずらに複雑化させ，今後の地方税改革の実現をより困難なものにする懸念がある。

　このように，日本の地方税改革は地方法人特別税が導入された頃の想定通りには進んでおらず，目下で改革は迷走気味と言える。ここで我々が考えなければならないことは，今後の抜本的な地方税改革のあり方を念頭において，それを阻害するような措置は出来るだけ避けることである。その場限りの弥縫策や地方税の将来像と異なる方向への改革を避けて，本丸の改革に向けて着実に歩みを進めることが重要である。

　そこで本稿では，地方税改革の方向性を見定めるため，地方税原則から地方税のあり方を考える。地方税原則からみた地方税のあり方はこれまでも繰り返し述べられてきたことではあるが，混迷する地方税改革の議論のなかで今一度地方税原則の観点から地方税のあり方を確認することは無駄ではなかろう。本稿では，特に地方法人税が地方税原則の観点から望ましくないことを指摘し，その代替財源となり得る固定資産税や地方消費税のあり方を考える。具体的な試算や改革スケジュールを描くことよりも，地方税のあるべき姿を定性的に判断するのが本稿の目的である。

　以下では，次節で地方税改革の基になる地方税原則と諸外国における地方税の構成を概観する。第3節では地方税原則の観点から地方法人税を検討する。

第4節では固定資産税の論点を考える。第5節では，地方法人税の代替財源として期待される地方消費税について，個人住民税との役割分担，外形標準課税との違い，そして税収の清算基準に関する問題点を指摘する。最後の第6節では，今後の地方税改革の方向性について議論をまとめる。

2．地方税原則

2.1 地方税原則

地方税のあり方に関する伝統的な考え方として，政府の機能配分論に基づく税源配分論がある。伝統的な政府の機能配分論とは，財政の役割を①資源配分機能，②所得再分配機能，③経済安定化機能という3つの機能に分ける考え方である（Musgrave, 1959）。伝統的な政府の機能配分論では，財政の3機能をそれぞれどの政府に割り当てるかが論じられ，資源配分機能についてはその便益が及ぶ範囲に対応して主に地方政府が担い，所得再分配機能と経済安定化機能については中央政府が担うのが望ましいとされる。

Musgrave（1983）は，伝統的な機能配分論に則して，中央政府と地方政府の機能分担を担うことができる税目を各々の政府に配分した（表1）。第1に，政府の所得再分配機能と経済安定化機能は中央政府の機能であるから，これら機能を実施するために必要な税収は中央政府が徴収すべきであるとされる。所得再分配機能を達成するための税目は所得税や相続税，経済安定化機能を達成するための税目は所得税や法人税が適していると考えられる（表1左側②〜④）。第2に，資源配分機能については便益の及ぶ範囲に応じて税や利用者使用料が設定される。そして，その便益が特定の住民に限られる場合には地方税にすべきであるとされる（表1左側⑥）。第3に，移動性の高い税目には地方税として課税すべきではない（表1左側①）。財が地域間を移動して最も効率的な配分が実現している場合には，これに対して地方政府が分権的に課税すると効率的な資源配分が妨げる恐れがある。また，自治体間の税収格差が大きい税は中央政府に割り当てられるべきとされる（表1左側⑤）。

表1 地方税原則

国税と地方税の割り当て Musgrave（1983）	地方税原則 Bird（1993）
① 地方税は，地方自治体間の移動性の低いものが望ましい。【移動性】 ② 累進個人所得税は，包括所得を効率的に算定しうる政府が課税すべきである。【包括所得】 ③ 再分配を目的とした累進課税は，主に中央政府に割り当てられるべきである。【再分配（3機能）】 ④ 経済安定化を目的とした税は，中央政府に割り当てられるべきである。地方税は経済変動に対して安定であるべきである。【経済安定化（3機能）】 ⑤ 地域間格差が大きい税は，中央政府に割り当てられるべきである。【格差】 ⑥ 応益税（benefit tax）と利用者料金（user charge）は全てのレベルの政府（市町村，州，国）にとって適切である。【応益性】	① 課税ベースは，移動性の小さいものにすべきである。これによって，地方政府が税率を変更する余地ができる。【移動性】 ② 税収は，地方のニーズを満たし，伸張性のあるものであるべきだ。【伸張性】 ③ 税収は，安定で予測可能なものであるべきである。【安定性・予測可能性】 ④ 地方税は，納税者にフェアであると思われるものであるべきだ。【公正】 ⑤ 地方税は，効率的に徴税されるものであるべきである。【徴税の効率性】 ⑥ 税負担の多くを非居住者に輸出することを不可能にすべきである。【受益と負担の一致】 ⑦ 課税ベースは，説明責任を保証するように可視性の高いものであるべきだ。【可視性】

（注）括弧【 】内の性質は筆者によるもの。

　Bird（1993, 2000）やMcLure（1999）は，こうした伝統的な税源配分論に対して政策論的なアプローチを主張した。伝統的な財源配分論では，地方政府が「下位」政府に位置づけられており，歳入に関する地方政府の裁量が無視されている。また，それは多分に規範的であり現実的な配慮を欠いている。伝統的な税源配分論では，地方税の多くが財産税に頼ることになるが，これでは地方政府の活動を賄うだけの十分な歳入を得ることができず，中央政府と地方政府の間で歳入と歳出の不均衡が生じる。Bird（1993）は，こうした問題を避けるため，地方税原則として地方固有財源の確保（伸張性，安定性・予測可能性）を挙げている（表1右側②，③）。

　McLure（1999）は，もし地方政府が道路整備やごみ回収等の仕事しかしな

いのであれば，財産への一律課税で歳入は対応可能であろうが，地方政府が医療や教育のような高価な社会サービスを提供するのであれば，地方政府の歳入への圧力はより大きく，規範的な（伝統的な）アプローチは持続的な結果をもたらさないことを指摘した。彼は，①分権的な歳出を有効活用するために地方政府が独自の財源をコントロールすること，②こうしたコントロールのために地方政府が自らの責任で歳入を増やしたり減らしたりできることの必要性を主張した。後者は，「限界的財政責任」として知られているものである。これは，ある地域で限界的に公共支出を増やす場合には，その便益を受ける地域住民の負担で行われるべきという原則である。

以上のような地方税に関する考え方をまとめると，地方税の原則として基本的には「応益原則」,「課税ベースの移動性の低さ」,「税収の安定性」,「税収格差の小ささ」,「限界的財政責任」などが地方税の基本的な要素として重要であり，近年は地方政府の役割拡大によって地方独自の活動を支える「税収確保」の重要性が増していると言える。そして，こうした地方税原則に照らし合わせると，地方税として望ましい税目として固定資産税，個人住民税，地方消費税などが挙げられる。固定資産税は，地方税原則からみて応益原則や課税ベースの移動性などの観点からみて望ましい。個人住民税は，応益原則を満たすと同時に，住民数の変化に伴う地方歳出の増加に対して税収も増加していくため，伸張性の点で優れている。また，個人住民税では限界的財政責任の機能が働き，自治体の無駄な歳出が抑制される。地方消費税は，最終消費地で課税されることから応益原則を満たすと同時に伸張性のある税目であり，自治体間の税収格差も小さい。これに対して，地方法人税は応益原則，課税ベースの移動性，税収の安定性，税収格差などいずれの点からも地方税としては望ましくない。

2.2　地方税の国際比較

現実の地方税の構成をみると，日本及び他の主要国では次のようになっている（図1）。大きく分けて，個人所得税中心の国（スウェーデン，ノルウェー，デンマーク，フィンランド，スイス），固定資産税中心の国（英国，ニュー

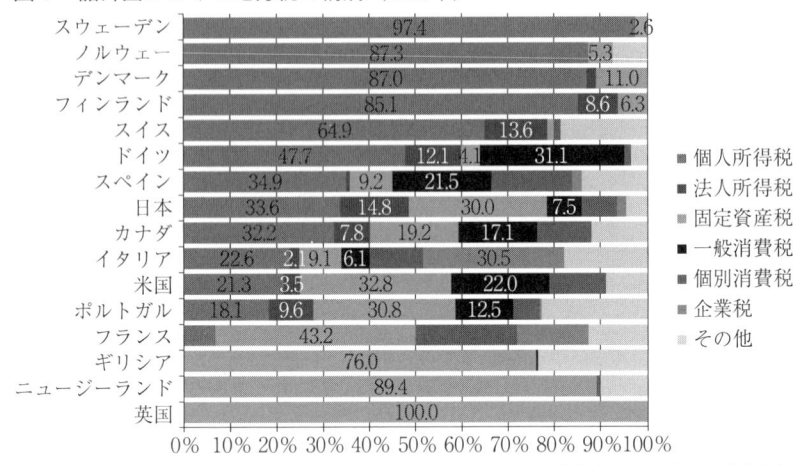

図1 諸外国における地方税の構成（2011年）

国	個人所得税	法人所得税	固定資産税	一般消費税	個別消費税	企業税	その他
スウェーデン	97.4						2.6
ノルウェー	87.3						5.3
デンマーク	87.0						11.0
フィンランド	85.1			8.6	6.3		
スイス	64.9		13.6				
ドイツ	47.7	12.1	4.1	31.1			
スペイン	34.9	9.2	21.5				
日本	33.6	14.8	30.0	7.5			
カナダ	32.2	7.8	19.2	17.1			
イタリア	22.6	2.1	9.1	6.1	30.5		
米国	21.3	3.5	32.8		22.0		
ポルトガル	18.1	9.6	30.8	12.5			
フランス			43.2				
ギリシア			76.0				
ニュージーランド			89.4				
英国			100.0				

（注）州及び市町村の合計。固定資産税は固定資産に対する課税全体を表し、都市計画税を含む。
（資料）OECD, "Revenue Statistics"

ジーランド、ギリシア、フランス）、個人所得税、固定資産税、一般消費税のバランスがとれている国（ドイツ、スペイン、日本、カナダ、イタリア、米国、ポルトガル）に分けられる。

個人所得税、固定資産税、一般消費税のバランスがとれている国のなかで税目の構成を比べると、ドイツ、スペイン、カナダ、米国、ポルトガルでは一般消費税の割合が比較的高いのに対して、日本とイタリアではその割合が小さく、その代わりに法人所得税または企業税の割合が大きい。イタリアの企業税は、IRAPと呼ばれる差額方式の生産ベースの付加価値税である[1]。日本は地方法人税の割合が諸外国と比べて高く、好況時には同割合がさらに高まることが予想される。こうした比較から、日本では地方法人税を縮小し地方消費税を拡充することが地方税改革の1つの方向性として浮かび上がる。

3. 地方法人税

地方法人税を地方税原則と照らし合わせて、地方法人税が地方税原則の多く

を満たしていないことを確認しよう。まず応益原則について，地方法人税はこれを満たさない。法人に対する課税の基本的な考え方は，法人はそれ自体税を負担することはできないことである。我々の代わりに税を負担してくれる「法人さん」は実在せず，法人税負担は何らかの形で個人に帰着する。このため，地方法人税の応益性を捉えるためには法人税の帰着先を考えなければならない。

3.1 地方法人税の帰着

企業は，法人税負担を製品価格を引き上げるか，労働者の賃金を引き下げるか，配当を減らすかのいずれかの形で消費者，労働者，投資家に転嫁する。地方法人税が応益負担原則を満たすかどうかは，その帰着先である消費者，労働者，投資家が自治体の居住者であるかどうかによって判断される。地方法人税の問題を考える前に，まず一般的な法人税の帰着についてその考え方を整理しよう。

法人税の帰着に関する基本モデルは Harberger（1962）のモデルである。Harberger（1962）は，労働者と投資家が同一の消費者であると仮定して，法人と非法人の二部門閉鎖経済の下で法人税が労働者と投資家（労働と資本）のどちらに帰着するかを分析した。Harberger モデルを簡単な数値例で考えよう[2]。法人税がない場合に法人部門と非法人部門の収益率がともに9％であるとし，50％の法人税が課せられるとする（表2）。このとき，法人部門の税引き後収益率が4.5％に低下し，この時点では法人税負担が全て株主の運用益の減少で賄われるため，法人税は株主が負担する。しかし，法人税が課税されてしばらく時間が経過すると，収益率の低い法人部門から収益率の高い非法人部門に資本が移動し，両部門の収益率が等しくなる。税引き後収益率は，例えば表2及び図2のように法人部門と非法人部門でともに6％になる（このとき，法人部門の税引前収益率は12％へ上昇する）。ここで重要な点は，時間の経過とともに，部門間の資本移動が大きくなり，法人税負担が法人部門の資本保有者（株主）から非法人部門の資本保有者（住宅保有者等）に資本収益率の低下という形で転嫁されることである。法人税が法人部門のみに賦課されたにもかかわら

表2　法人税の課税前後における法人部門と非法人部門の変化

	法人部門	非法人部門	全体
課税前			
資本ストック	$6,000	$6,000	$12,000
資本収益率	9 %	9 %	—
資本収益	$540	$540	$1,080
課税直後			
資本ストック	$6,000	$6,000	$12,000
資本収益率	4.5%	9 %	—
資本収益	$270	$540	$810
課税後，時間経過			
資本ストック	$4,000	$8,000	$12,000
税引き前の資本収益率	12%	6 %	—
税引き後の資本収益率	6 %	6 %	—
税収	$240	—	$240
税引き後の資本収益	$240	$480	$720

資本収益の変化＝$720－$1,080＝－$360
税収＝$240
製品価格の変化による消費者負担
＝法人部門の製品購入者（(12%－9 %)×4,000＝$120）
＋非法人部門の製品購入者（(6 %－9 %)×8,000＝－$240）
＝－$120

（注）法人税率は50%とする。

（資料）Harberger (1995) より作成。

図2　法人税の課税前後における資本収益率の変化

課税後の資本収益率

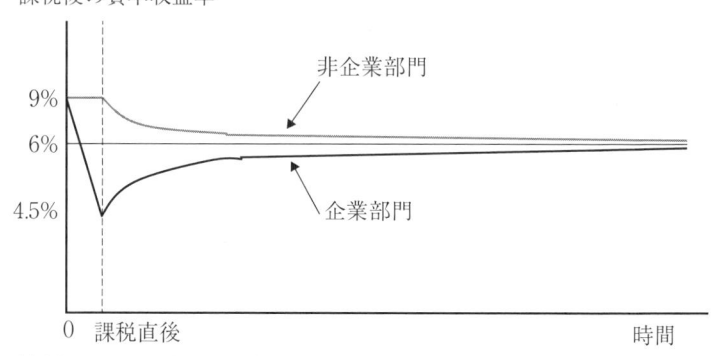

（資料）Auerbach (2006) を参考に作成。

ず，非法人部門の資本保有者も同様にそれを負担する。

　このとき，消費者が直面する価格は次のように変化する（表2）。このモデルでは，法人部門と非法人部門の間で資本移動が生じる過程で，法人部門における税引前収益率が9％から12％に上昇する分だけ，法人部門の製品価格が上昇する。一方で，非法人部門では資本収益率が9％から6％に低下する分だけ，製品価格が低下する。消費者は法人部門の製品購入者が製品価格の上昇分（(12％－9％)×4,000＝$120）だけ法人税を負担し，非法人部門の製品購入者は製品価格の低下分（(9％－6％)×8,000＝▲$240）だけ恩恵を受ける。消費者全体でみれば，非法人部門における製品価格低下の影響が大きいことから$120だけ厚生が改善する。この数値例からわかるように，消費者全体の厚生の変化は消費構造や課税後の資本収益率の変化に依存する。

　ここで，法人税が労働と資本のどちらによって負担されるかを考えよう。製品の相対価格が変化すると，一般に労働と資本の要素相対価格も変化する。製品の相対価格が賃金の相対価格（賃金・資本収益率比）に及ぼす影響は2つある。法人部門における製品の相対価格上昇に伴って賃金の相対価格が上昇する代替効果と，法人部門における製品の相対価格の上昇が（正常財の場合は）需要を減少させる所得効果である。代替効果の大きさは要素の代替弾力性に，所得効果の大きさは消費の代替弾力性にそれぞれ依存する。代替効果と所得効果の合計によって，法人税の賃金の相対価格に対する影響が決まる。Harberger (1962) は，尤もらしいパラメータを用いて計算すると，賃金の相対価格が正になるとし，法人税は資本によって負担されると主張した。

　しかし，Harberger モデルには資本ストックと労働力が一定という仮定がある。資本ストックの変化を考慮に入れた動学分析では，法人税によって資本ストックが減少する。1人当たり資本ストックの減少は，生産性低下を通じて労働者の実質賃金を引き下げるため，法人税は最終的に資本全体に転嫁されるのみならず，最終的には労働者にも転嫁される。また，開放経済を前提とした場合にも法人税は労働に帰着する。開放経済では可動性の高い生産要素は税から逃れることができるため，労働のような可動性の低い生産要素に負担が集中す

る。法人税の帰着に関する最近の実証分析では，法人税が主に労働に帰着するとの結果が得られている（Arulampalam, Devereux and Maffini, 2012; Fuest, Peichl and Siegloch, 2013等）。

　以上のような法人税の帰着のメカニズムを理解した上で，地方法人税の応益性を考えよう。地方法人税では，真の負担者が地方法人税を課した自治体に居住しているかどうかが重要になる。地方法人税の負担が配当に転嫁される場合，各企業の投資家が全国に分散しているとすれば，地方法人税の負担は全国に広がる。一方で，地方法人税が全て労働者の賃金低下に反映されるとき，労働者全員がその自治体の居住者である場合には彼らは課税に見合った公共サービスを享受することができるため，応益負担原則は守られる。しかし，労働者が近隣の県から通勤している場合には，実質的な法人税負担が近隣の県から通勤している非居住者に転嫁される。逆に，近隣の県からの通勤している非居住者も通勤先の自治体で公共サービスを受けている。この場合は受益者が通勤者であり，負担者が通勤先の住民となる。

　また，Harbergerモデルでは消費者が同一とされたが，地方法人税の場合は消費者がたとえ同一であっても居住地が異なることによって，どの地域で生産されたものを消費するかで消費者の税負担が異なる。ある自治体で地方法人税が課され，そこで生産された製品が全て他の地域に販売されるとき，地方法人税負担は全て他の地域に転嫁される。これによって，一種の租税輸出が起こる。地方法人税収は大都市に集中するため，地方法人税では大都市の住民から全国の住民に対して租税輸出が行われている可能性がある。大都市から地方に対して地方交付税や特定補助金という形で財源が移転されることに対して大都市住民からしばしば不満の声が聞かれるが，地方法人税については目に見えない形でそれとは逆の方向に財源が移転されている可能性がある。

　法人税の帰着先は経済状況によって変わるため，地方法人税の真の負担者を特定することは容易ではない。しかし，以上の考察から少なくとも地方法人税の真の負担者と公共サービスを享受する居住者が一致する保証が全くないことは理解できよう。地方法人税の真の負担者と公共サービスを享受する居住者が

異なるのであれば，地方法人税は応益原則を満たさない．

3.2 課税ベースの移動性

地方法人税は，移動性の観点からも問題である．地方分権の進展を前提にすれば，各自治体が地方法人税率を自由に設定できる状況を考えなければならない．現在日本では地方法人税率を自由に設定できるわけではないが，不均一課税として法人事業税と固定資産税の減免という形で，実質的に法人減税を行っている自治体は少なくない．各自治体が地方法人実効税率を自由に設定できると，移動性の高い企業を巡って自治体間で地方法人税による租税競争が繰り広げられるかもしれない．理論的には，同じような特色を持つ自治体間で租税競争が生じると，最終的にはいずれの自治体も地方法人税から十分な税収を上げることができず，効率的な公共財供給ができないことが指摘されている（Wildasin, 1989等）．

逆に，自治体間の租税競争を肯定する見方もある．地方政府が慈悲的（benevolent）であり，住民の効用最大化を目的に行動することが担保されている場合には租税競争は望ましくないものの，地方政府がリバイアサン（Leviathan）で自己の利益を最大化する存在である場合には，租税競争は地方政府の規律付けとして機能することになる．現実にも地方政府の非効率な行政を指摘する声が少なくなく，地方政府を完全に慈悲的と捉えることはできない．また，企業誘致を行う自治体の努力が全くの無駄であるとは言い難く，何らかのインセンティブの下で各自治体が効率的な行政を行う仕組みが必要であるとの意見も多い．しかし，各地方政府が国内企業を奪い合うだけでは国内資本がある場所から別の場所に移るだけで，地方全体としてのメリットがないことには留意しておく必要がある．外国から企業を誘致しない限り，地方法人税を用いた誘致合戦を繰り広げたところで地方全体のパイは拡大しない．このように考えると，やはり移動性の高い課税ベースに課税する地方法人税は基本的に地方税として相応しくないと言える．

3.3 税収の安定性及び格差

税収の安定性の観点からみても，地方法人税には問題がある。法人税収は景気循環の影響を受けやすく安定性に欠ける。景気循環の結果として生じる税収不足が国債発行によって賄われること自体は悪くなく，むしろ景気に応じて税制を変更するよりは税制を維持したまま一時的な財政赤字を許容することは厚生の観点からみて妥当である（課税の平準化）。しかし，財政の3機能の観点からみれば，経済の安定化機能としての財政赤字への対応は国の仕事である。短期的な税収不足に対しては地方債ではなく国債で対処すべきであり，それゆえ税収が不安定な法人税は国税とするのが望ましい。

国と地方が安定税源である消費税収を巡って取り合いをする構図がしばしばみられるが，国は税目全体を見渡した上で税収変動の大きく地方税として相応しくない税目を国税として受け入れるべきであり，消費税と法人税の税源交換に応じるべきである。一方で，地方は消費税と法人税の税源交換を行う際に，その後の景気拡大で期待される地方法人税収の増加分を手にすることをある程度諦めて，長期的にみて安定した税源の確保に努めることが求められる。現在のところ，国が税源移譲を拒否する一方で，地方にも安定財源を求める姿勢が乏しいように思われる。地方が安定税源の確保に真剣にならない理由の1つは，おそらく不況期に地方の財源不足が地方交付税によって賄われることであろう。しかし，こうした財政補填措置は地方の財政規律を緩和させる恐れがあることから，長続きしないと考える方が無難である。地方は，目先の税収増ではなく長期的な視点から自前の安定税源の確保を優先する必要がある。

税収格差の観点から，地方法人税が地方税として相応しくないことは言うまでもない。平成23年度決算で都道府県の1人当たり税収の格差（最大／最小）は，個人住民税（東京都／沖縄県）が2.9倍，地方消費税（東京都／奈良県）が2.6倍，固定資産税（東京都／長崎県）が2.3倍であるのに対して，地方法人税は5.3倍（東京都／奈良県）である。こうした自治体間の税収格差は政治的にもしばしば問題視されるが，問題の本質的は税収格差そのものにあるのでは

なく，地方税体系が歪んでおりそこから税収格差が生まれていることにある。応益原則が満たされている地方税体系の下で税収格差が生じているのであれば，その違いは歳出に対する住民の選好を表したものと考えられるが，応益原則を欠いた地方税体系が租税輸出をもたらし，その結果として税収格差が生じているのであれば，これは容認されるものではなかろう。地方法人税を除けば税収格差（最大／最小）は2〜3倍程度に収まっているため，地方税の格差問題は，地方税体系を地方税原則に即したものにするだけで大きく改善する。そして，それでも残る財政力格差に対してどのような財政調整を行うべきかを考えるのが，本来の地方交付税の議論である。地方税体系を放置したままでは，地方交付税改革に関する本質的な議論も進展しない。

4. 固定資産税

次に，固定資産税の論点を考える。前述のように，日本では地方政府が単なる地方公共財の供給を超えた役割を担っているため，固定資産税の拡充だけで十分な地方税収を確保できるわけではない。しかし，固定資産税は地方税改革として望ましい性質を持っているため，その潜在力が期待され，地方税目としてその拡充が検討されることは自然である。

4.1 地方税原則から見た固定資産税

固定資産税は，土地のように完全に移動しない資産の場合には資産保有者が税負担者であると同時に公共サービスの受益者でもあるため，応益性が確保される。税収の安定性や税収格差の観点からみても，固定資産税は地方税として望ましい。固定資産税は，毎年税収の変動やその内訳に変化が小さく，自治体間の税収格差も小さい。但し，固定資産税収の安定性には，固定資産税は課税標準決定などに関する不透明さも関係している。固定資産税額は各々の評価額に特例措置等の調整を加えた課税ベースに税率（標準税率1.4%）を掛けて計算されるが，日本では固定資産税の急減な変動を抑えるために課税ベースの調

整が行われている。つまり、日本の固定資産税収の安定性の一部は地価の急激な変動に対して課税標準を見直すことから生じている。Lutz（2008）によれば、米国でも政策的な対応により、固定資産税収は住宅価格の4割しか反映されない。

4.2 固定資産税の帰着

固定資産税に関する議論の1つに公平性の問題がある。固定資産税が地方税として他に望ましい性質を持っていても、その税負担が逆進的であれば公平性の観点から問題となる。この点をみるには、固定資産税の帰着の問題を考えなければならない。これは、地方法人税の帰着の問題と同様に、固定資産税の納税者が資産保有者である一方で、真の税負担者が別の者である可能性があるからである。

固定資産税の帰着についてはいくつかの見方がある[3]。まず伝統的な見方（traditional view）では、固定資産税はその居住者が支払うとされている。貸家を想定すれば、貸主は固定資産税を家賃に転嫁するため、固定資産税は貸主ではなく借主が負担すると考えられる[4]。固定資産の保有者は一般に富裕者であり、借主はそうではない場合が多い。このため、固定資産税は富裕な資産保有者が税を負担するのではなく、富裕ではない借主が負担する。つまり、伝統的な見方では固定資産税は逆進的となる。

しかし、伝統的な見方は特定地域の状況しか考慮しない部分均衡分析である。資本が自治体間を移動する効果が考慮されていない。同じ状況を一般均衡で考えると、別の見方すなわち新しい見方（new view）が出てくる（Mieszkowski, 1972）。新しい見方では、ある地域で固定資産税率が引き上げられると他の地域に資本が移動し、その際資本流入地域では資本収益率が低下する。これは、ある地域の税率変化が他地域の資本収益率を変化させることを意味するが、この効果は利潤税効果（profits effect）と呼ばれている。一方で、一般均衡で捉えたとしても伝統的な見方の場合と同じように、固定資産税率が平均よりも高い地域では家賃の上昇が生じる。この効果は、物品税効果（excise tax ef-

表3 デンマークにおける所得階級別の固定資産税 (%)

所得水準	住宅所有率	実効税率 (対収入)	実効税率 (対可処分所得)
第1分位 低	24.1	1.82	2.36
第2分位	35.6	0.87	1.14
第3分位	35.6	0.66	0.88
第4分位	50.5	0.71	0.98
第5分位	63.6	0.78	1.10
第6分位	72.2	0.82	1.17
第7分位	78.6	0.88	1.28
第8分位	83.1	0.92	1.37
第9分位	88.1	1.00	1.52
第10分位 高	93	1.11	1.79
平均	62.5	0.94	1.38

(資料) Norregaard (2013) より作成。デンマーク経済内務省データ。

fect) と呼ばれている。但し，物品税効果は税率の高い地域と低い地域で相殺され，全体としてみるとゼロである。新しい見方が伝統的な見方と異なる点は，固定資産税が資本収益率の低下につながり，利潤税効果として資本保有者が税を負担することである。資本所有者は富裕者が多いことから，新しい見方では固定資産税は累進的とされる。

　固定資産税の累進性を判断することは難しいが，Norregaard (2013) はデンマークのデータを用いて固定資産税の見方に言及している。そのデータによれば，固定資産税の実効税率が第1分位と第2分位のところで逆進的になる[5]（表3）。一方で，第3分位より上の所得階級については所得階級が高くなればなるほど住宅保有率が高まることを反映して，固定資産税は累進的になる。こうしたデータはあくまで固定資産税の納税者に関するものであり，固定資産税の真の負担はこれとは異なるかもしれないが，低所得層でみられる高い実効税率は固定資産税が累進的であると簡単に片づけることが難しいことを示している。

　固定資産税に関する第3の見方として，応益的な見方 (benefit view) があ

る（Hamilton, 1975等）。伝統な見方と新しい見方が課税の効果のみに着目するのに対して，応益的な見方は固定資産税の応益性に着目するものである。一般に，地方公共サービスが充実すると地価が上昇する。家の近くに地下鉄の駅ができたり，医療費が無料になったり，託児所が充実するなどの形で公共サービスが充実すると，その分だけその行政区の人気が出て地価が上昇する。それによって固定資産税が増加する。これは，公共サービスが地価に資本化（capitalization）されることを示しているが，公共サービスの充実から得られる便益と固定資産税の増加分がちょうど釣り合えば，住民は公共サービスを使用料として固定資産税を支払っていることと同じになる。

　固定資産税の帰着先や応益性・累進性については，地方法人税の場合と同様に確かなことは言えない。しかし，少なくとも土地に対する固定資産税は土地が全く移動しないがゆえに応益性や累進性の面で望ましい性質を持っていると考えられる。一方で，新しい見方にみられるように，固定資産税の負担者が他地域の資本所有者にも転嫁される場合には応益性は確保されない。これより，固定資産税についても地方法人税と同様に，課税ベースの移動性に配慮した課税のあり方を考えることが重要であることがわかる。現在，日本の固定資産税の課税対象は土地のほかに家屋・建物と企業の機械設備を含む償却資産がある。少なくとも償却資産に対する課税については，課税ベースの移動性から問題があることを指摘できる。

5．地方消費税

　国と地方における法人税と消費税の税源交換は，社会保障・税の一体改革以後，その実現に向けた機運がすっかり失われてしまったが，応益原則，課税ベースの移動性，税収の安定性，税収格差の小ささのどれをとっても地方消費税は地方税として相応しく，その充実は地方税改革の柱になるものと言ってよい。

5.1 地方消費税と個人住民税

　地方法人税の代替財源としては，地方消費税のほかに個人住民税もある。まず，地方消費税と個人住民税の関係について述べよう。地方消費税と個人住民税のいずれを拡充すべきかという問題に対して確たる判断基準を見出すことは難しいが，課税ベースやその他の特徴に関して地方消費税と個人住民税の間で次のような相違点があることを指摘できる。

　第1に，地方消費税は消費をベースとする税制（以下，消費課税），個人住民税は所得をベースとする税制（以下，所得課税）である。現在の地方税体系は消費課税と所得課税の中間的な性格を持っており，地方消費税の拡充は消費課税に，個人住民税の拡充は所得課税に向かう改革となる。そのため，地方消費税と個人住民税の選択には税制全体を消費課税と所得課税のいずれの方向に持っていくべきかという問題が関わる。この問題を考えるためには，現役世代の勤労意欲，世代間格差など効率性と公平性の両面からの検討が必要である。実際の政策論議では，消費税率引き上げと（個人住民税を含む）個人所得税増税の議論が単純に改革の実現可能性の観点から交互に行われがちであるが，地方消費税と個人住民税のいずれを拡充すべきかという問題は長期的な視点でみれば日本が北欧諸国のような個人住民税主体の地方税を目指すべきか，それとも地方消費税の割合を拡充するドイツや米国のような地方税に向かうのかという問題に関わることを忘れるべきではなかろう。

　第2に，課税ベースの点で地方消費税について議論の余地はほとんどないが，個人住民税については課税ベース拡大の余地がある。日本の個人住民税の課税ベースは国の所得税に準じているため，基礎控除のほか配偶者控除，扶養控除，社会保険料控除，医療費控除，生命保険料控除などが認められている。地方税を地方公共サービスに対する手数料の一括徴収と捉えるならば，個人住民税の課税ベースは必ずしも国の所得税に準ずる必要はない。現在個人住民税率が（累進税率ではなく）一律10％とされていることは個人住民税の公共サービスの手数料としての性格から妥当であるが，個人住民税の課税ベースは地方税の

性格に基づくものにはなっていない。

　第3に，地方消費税と個人住民税では地方税の特徴が異なるため，それぞれの性質を活かした役割を果たすことが望ましい。現在の地方消費税制度では限界的財政責任機能が働かない。地方消費税率引き上げは国の消費税改革の上に乗る形で実施されることが多く，地方が全体として国とは独立に地方消費税率引き上げを主張することはない。また，地方のなかで各自治体が地方消費税率の税率決定権を持って異なる地方消費税率を設定することもない。仮にそれが制度的にできるようになったとしても，後述するようにそれが望ましいとは言えないという事情がある。これに対して，個人住民税は自治体によって税率が異なっても制度上の問題は生じず，個別の自治体が必要な歳出増に応じて個人住民税率引き上げを行うことが可能である。各自治体が自らの責任で増税を遂行する際には住民から歳出削減圧力がかけられるため，安易な増税が避けられる。

　但し，個人住民税が限界的財政責任機能を持っていることが，地方税の拡充策として地方消費税よりも個人住民税を選択することが望ましいことを意味するわけではない。消費課税を拡充する場合でも，地方消費税と個人住民税を組み合わせることにより，地方消費税の充実によって自治体間の税収格差の小さい地方税体系を作り上げ，そのうえで各自治体が望む限界的な増収分についてのみ個人住民税で調整することが可能である。すなわち，個人住民税がその限界的財政責任機能を活かす形で，地方消費税の増収機能を補完することができる。

5.2　地方消費税と外形標準課税の違い

　次に，地方消費税と外形標準課税との違いを考えよう。現在法人事業税の一部が外形標準課税（資本金1億円以上の企業のみ）とされている。外形標準課税は付加価値割と資本割に分かれるが，付加価値割の部分は消費税に近い課税ベースを持っている。このため，地方法人税を一気に地方消費税に切り替えるのではなく，既に地方法人税の一部である外形標準課税に振り替える形で改革

を進めるべきとの意見もしばしば聞かれる。少なくとも政治的にはその方が進めやすく，段階的な改革が現実的との考え方である。しかし，消費税と外形標準課税（付加価値割）には次に述べるような違いがあり，地方消費税の方が優れた性質を持っている。このため，両税の特徴を把握したうえで我々はその取捨選択を考える必要がある。

まず，消費税の課税ベースを確認しよう。日本の消費税は消費課税ベースの差額（subtraction）方式の付加価値税と分類される。消費ベースの付加価値は，売上から（資本財購入を含む）仕入を除いて次のように表される。

$$C = S - (M + I) \quad (1)$$

ここで，C は消費，S は売上，M は資本財を除く仕入，I は資本財購入を表す。企業の超過利潤は，

$$E = S - W - (M + I) \quad (2)$$

となる。ここで，W は賃金を表す。（1）式と（2）式より，

$$C = W + E \quad (3)$$

が得られる。これが消費税の課税ベースである。消費税では，実質的に（3）式の右辺の賃金と企業の超過利潤に対して課税し，それが最終的に左辺の消費に転嫁される。

これに対して，外形標準課税（付加価値割）は2つの点で消費税と異なる。1つは，外形標準課税は加法（addition）方式の付加価値税であることである。消費税は（1）式の右辺のように差額方式で付加価値を特定してそれに課税するものであるが，外形標準課税は（3）式の右辺のように直接付加価値を積み上げて課税ベースが計算される。もう1つは，消費税が消費ベースの付加価値税であるのに対して，外形標準課税が生産ベースの付加価値税であることである。生産ベースの差額方式の付加価値税では，資本財購入のうち減価償却分しか課税ベースから控除されない。よって，その課税ベースは，

$$P = S - (M + \phi I) \quad (4)$$

と表される。ここで，ϕは税務上の減価償却率を表す。(4)式に(2)式を代入すると，次式が得られる。

$$P = W + E + (1 - \phi)I \quad (5)$$

(5)式の右辺が日本の外形標準課税に相当する課税ベースである。その課税ベースは，賃金(W)，超過利潤(E)，償却されていない設備(($1-\phi$)I)の合計として表される。(3)式と(5)式の比較より，外形標準課税の方が消費税よりも課税ベースが広いことがわかる。

消費税の方が外形標準課税よりも優れている点は3つある。第1に，中間財に課税しない税制の方が国民の厚生が高まることである（生産効率性定理，Diamond and Mirrlees, 1971）。これは，中間財に課税して経済活動を阻害するのではなく，中間財を非課税にして経済のパイが最大限に大きくなったところに課税すべきとの考え方である。

第2に，製品が輸出される際，外形標準課税では製品が税を含んだまま輸出されるが，消費税は国際的にも最終消費地で課税される仕向地主義が認められているため，輸出品に税が含まれない。このため，消費税の方が日本製品の国際競争力が高まる（但し，為替レートが課税後の製品価格に応じて柔軟に変動する場合にはその限りではない）。

第3に，地方消費税に話を絞ると，地方消費税が最終消費を基準としてその税収が各自治体に割り振られるため，応益性を満たし自治体間の税収格差が小さいのに対して，外形標準課税では企業の付加価値の違いが税収に反映されるため，地方法人税と同様に自治体間の税収格差が生じることである。地方消費税でも納税義務は企業にあるため，納税段階では地方法人税と同じような地方間格差が生じる。しかし，地方消費税では仕向地主義の課税を実現するために，税収を最終消費の割合によって各地域に割り振る作業（清算）が行われる。その結果として，地方消費税は応益性を満たし，税収格差は小さいものとなる。

外形標準課税ではそのような作業は行われないため，応益性が満たされず自治体間の税収格差も大きい[6]。

5.3 地方消費税の清算基準について

地方消費税の仕向地主義が徹底されるためには清算基準が適切に設定される必要がある。現在，地方消費税の清算は2段階に分けて行われている。まず都道府県の清算については，販売額（ウエイト6／8），人口（同1／8），従業者数（同1／8）が用いられる。その後，都道府県に割り振られる税収の2分の1が市町村に帰属し，それが人口（同1／2）と従業者数（同1／2）によって清算される。但し，市町村の清算では社会保障・税一体改革で社会保障財源化された税率引き上げ分については人口のみで按分される。このように，消費税収は最終消費地を基準に清算され，自治体間の税収格差は小さいものとなっている。しかし，この清算方法には2つの問題点がある。

第1に，都道府県の清算において販売額が用いられているため，清算基準が必ずしも最終消費にはなっていないことである。神奈川県，千葉県，埼玉県などの東京都近郊の県及び大阪府近郊の奈良県などでは，住民が東京都または大阪府で消費する割合が高いため，住民の所得水準と比べて地方消費税収が抑制されている。市町村の清算では人口と従業者数が基準とされているためこうしたことは起こらないが，市町村の清算基準についても従業者数基準は最終消費地とは関連性が低いとの指摘がなされている（持田, 2007）。

第2に，消費税収の社会保障財源化に伴って，地方消費税収について税率引き上げ分の使途が限定されることになったが，都道府県の清算基準にそうした変化が全く反映されていないことである。本来，消費税が社会保障財源化されるのであれば，社会保障費の負担が大きい地域に消費税収の相応の配分があってしかるべきである。しかし，地方消費税収はこれまで通り最終消費に応じて清算され，各地域の高齢化の状況など社会保障費の多寡に関わる指標は地方消費税収の清算には利用されない。最終消費の大きさと社会保障費は必ずしも比例的な関係にはないため，高齢化のために最終消費に比して社会保障費が大き

い地域では税収が不足する。この問題は，消費税が社会保障財源化されたにもかかわらず，一般財源としての地方消費税の清算基準をそのまま用いることから生じている。

　地方消費税である以上，清算基準は最終消費地にならざるを得ないとの見方もあるのかもしれないが，それは社会保障の需要と地方消費税収の不一致を是認する理由にはならないであろう。地方消費税の仕向地主義課税としての性格上清算基準を変更することができないのであれば，社会保障財源化された地方消費税収を一旦国の財源とし，その後消費譲与税または社会保障給付金の形で高齢化要因を考慮に入れた基準に基づき地方に税収を分配するなどの方法が考えられる。または，社会保障財源化された地方消費税を地方が共同で管理する税と位置づけ，その税収を各地方に分割する形でもよい。こうしたケースでは，税収はもはや地方消費税収ではないのだから，税収の分配・分割基準は地方消費税の清算基準と異なっても構わないはずである。社会保障財源の地方消費税から消費譲与税への移行は，形式的には地方分権改革に逆行するかもしれず，それゆえこうした方法は地方側の強い反発を受けるかもしれない。しかし，重要なのは社会保障費を必要としているところに消費税収を充てることである。地方側は，何よりも居住者の社会保障費の確保を優先し，それを実現する方法を考えるべきである。

5.4　地方消費税の欠点

　最後に，地方消費税の欠点について述べたい。それは，地方消費税では異なる税率を設定することができず，それゆえ税収に関する各自治体の裁量が働かないことである。地方消費税で異なる税率を設けることが困難な理由は次の2つである。

　第1に，各消費地で地方消費税率が異なれば，住民が他の自治体で消費するクロスボーダーショッピングが発生することである。クロスボーダーショッピングは仕向地主義の消費税では避けられない欠点であり，日本の地方消費税に固有のものではない。欧州でも各国の付加価値税率の違いを利用したクロス

ボーダーショッピングが盛んに行われている。日本は狭い国土を47の都道府県に分けているため，都道府県によって税率が異なると相当程度のクロスボーダーショッピングが生じることが予想される[7]。

　第2に，製品は生産過程で県境を越えて移動することがあるため，各県で地方消費税率が異なる場合には各地域でつけられた付加価値に対する税率の違いを反映させなければならない。日本では，現在全ての地域で全ての財・サービスに対して単一税率が適用されているため，消費税収に関して最終消費地を基準にしたマクロの清算を容易に行うことができる。しかし，地域によって地方消費税率が異なる場合には各生産段階でつけられた付加価値に対する税率を全て把握して転嫁及び控除を行わなければならない。

　実は，こうした状況でも地方消費税の清算を行うことは不可能ではない。カナダのHST（Harmonized Sales Tax）と呼ばれる地方付加価値税では，異なる付加価値税率の州に対してマクロの清算が行われており，日本にもHSTと同様の手法を導入すべきとの意見もみられる（持田・堀場・望月，2010）。しかし，それを行うためには付加価値税向けの独自の産業連関表を作成する必要があるなど，実務上の困難も指摘されている。消費税にインボイスがあれば，マクロの清算の代わりにインボイスに記載された税率を用いてミクロ（自治体レベル）の税収調整を行う方法もある。これらは，CVAT（McLure, 2000）やVIVAT（Keen and Smith, 2000）として知られている課税方法である。しかし，こうした課税方法についてもそれらの実施には実務的な高いハードルがあることが知られており，またそもそも日本ではインボイス導入の目途が立っていない。

　以上のことを勘案すれば，現実的には地方消費税は現在のまま一律税率として簡易なマクロの清算を行うことが最も徴税コストが低く望ましい方法と考えられる。そして，財政面で地方分権を進展させる手段としては個人住民税を用いればよい。すなわち，地方税の規律付けは限界的財政責任の機能が働く個人住民税に任せ，地方消費税は地方税収の確保に徹するということである。地方消費税は，応益性や税収格差の小ささなど地方税として望ましい性質を備えて

おり，その税収確保能力からみても今後地方税の柱となるべき税目である。しかし，地方消費税に限界的財政責任機能まで要求する必要はなく，個人住民税との住み分けにより，地方税全体として安定的な税収確保と地方自治の機能を実現させることが望ましい。

6．おわりに

本稿では，地方税原則の観点から地方法人税，固定資産税，地方消費税（＋個人住民税）を検討した。主な結論は，第1に地方法人税は応益原則など地方税が満たすべき原則を悉く満たさないため，縮小・廃止に向かう必要があることである。第2に，固定資産税は特定地域に対してのみ便益をもたらす地方公共財を賄う地方税として最も優れているが，日本の地方が行う広範囲に及ぶ活動を支えることはできないこと，そして固定資産税の帰着まで考えるとその公平性などに判断の難しい点があることである。第3に，地方消費税の拡充を前提に，地方消費税と個人住民税を組み合わせることにより地方税収の増加と限界的財政責任機能を実現し，地方税原則に沿った望ましい地方税体系を作り上げることができることである。

最近地方税に関する議論のなかで気になるのは，地方側に地方法人税を温存しようとする動きがみられることである。総務省の資料によれば，交付税の原資（法定分）を含めて考えると国・地方の法人税収全体の約6割（9.6兆円）が地方分となる（平成25年度予算・地方財政計画ベース）。このため，地方側からは地方法人税率引き下げはもちろん，国の法人税率引き下げに対しても素直に賛同できないとの声が出ている。しかし，これは地方税改革として地方法人税を縮小・廃止するという最終目標に逆行するものである。当面の財源の確保にあせるあまり長期的な改革の方向性を見失えば，多くの自治体にとって不都合な地方税体系が温存されることになる。

このため，一度地方税原則に立ち返り，様々なしがらみを断ち切った場合にどのように地方税改革を行うことが望ましいかを考えることが大切である。特

に，地方法人税の縮小・廃止がない限り，地方税にどのような修正を施しても本質的に意味のある地方税改革にはならないことを我々は再認識する必要がある。重要なことは，地方税収の格差問題の多くの部分が地方税原則からみて歪んだ地方税体系から生じていることである。このため，地方税改革は地方交付税改革を含めた地方分権改革の前提となる。地方税改革なしには，地方が自立できる地方分権改革も財政規律の働く地方交付税改革も実現しない。地方税改革の着地点を見定めた上で，その改革スケジュールを検討することが肝要である。

【参考文献】

Arulampalam, W., M. Devereux and G. Maffini (2012), "The Direct Incidence of Corporate Income Tax on Wages," *European Economic Review*, 56, pp. 1038-1054.

Auerbach, A. (2006), "Who Bears the Corporate Tax? A Review of What We Know," J. Poterba (ed.) *Tax Policy and the Economy*, MIT Press, pp. 1 -40.

Bird, R. (1993), "Threading Fiscal Labyrinth: Some Issues in Fiscal Decentralization," *National Tax Journal*, 46 (2), pp. 207-227.

Bird, R. (2000), "Rethinking Subnational Taxes: A New Look at Tax Assignment," *Tax Notes International*, 8 May, pp. 2069-2096.

Diamond, P. and J. Mirrlees (1971), "Optimal Taxation and Public Production I: Production Efficiency," *American Economic Review*, 61 (1), pp. 8 -27.

Fuest, C., A. Peichl and S. Siegloch (2013), "Do Higher Corporate Taxes Reduce Wages? Micro Evidence from Germany," CESifo Working Paper 4247.

Hamilton, B. (1975), "Zoning and Property Taxation in a System of Local Governments," *Urban Studies*, 12, pp. 205-211.

Harberger, A. (1962), "The Incidence of the Corporate Income Tax," *Journal of Political Economy*, 70 (3), pp. 215-240.

Harberger, A. (1995), "The ABCs of Corporation Tax Incidence: Insights into the Open-Economy Case," in American Council for Capital Formation (ed.), *Tax Policy and Economic Growth*, Washington: American Council for Capital Formation, pp. 51-73.

Keen, M. and S. Smith (2000), "Viva VIVAT!" *International Tax and Public Finance*, 7, pp. 741-751.

Lutz, B. (2008), "The Connection between House Price Appreciation and Property Tax Revenues," Finance and Economics Discussion Series, Federal Reserve Board, Washington D.C., 2008-48

McLure, C. (1999), "The Tax Assignment Problem: Conceptual and Administrative Considerations in Achieving Subnational Fiscal Autonomy," A Paper Prepared for the Intergovernmental Fiscal Relations and Local Financial Management Course, World Bank.

McLure, C. (2000), "Implementing Subnational Value Added Taxes on Internal Trade: The Compensating VAT (CVAT)," *International Tax and Public Finance*, 7, pp. 723-740.

Mieszkowski, P. (1972), "The Property Tax: An Excise Tax or a Profits Tax?" *Journal of Public Economics*, 1, pp. 73-96.

Mieszkowski, P. and G. Zodrow (1989), "Taxation and the Tiebout Model: The Differential Effects of Head Taxex, Taxes on Land Rents, and Property Taxes," *Journal of Economic Literature*, 27 (3), pp. 1098-1146.

Musgrave, R. (1959), *The Theory of Public Finance*, New York: McGraw-Hill.

Musgrave, R. (1983), "Who Should Tax, Where, and What?" in C. McLure (ed.), *Tax Assignment in Federal Countries*, Canberra: Centre for Research on Federal Financial Relations, Australian National University.

Norregaard, J. (2013), "Taxing Immovable Property Revenue: Revenue Potential and Implementation Challenges," IMF Working Paper, WP/13/129.

Wildasin, D., (1989), "Interjurisdictional Capital Mobility: Fiscal Externality and a Corrective Subsidy," *Journal of Urban Economics*, 25, pp. 193-212.

佐藤主光（2011）「地方税の経済学」日本経済新聞社

持田信樹（2007）「地方消費税の理論と課題」経済学論集73-2

持田信樹・堀場勇夫・望月正光（2010）「地方消費税の経済学」有斐閣

---

(1) 生産型の付加価値税の課税ベースについては第5節で議論する。

(2) Harberger（1995）の閉鎖経済ケースの数値例の1つを利用する。

(3) 詳しい議論はMieszkowski and Zodrow（1989）や佐藤（2011）を参照されたい。

(4) 土地に対する固定資産税は土地保有者が負担するとされる。

(5) これらの所得階級は，高額の資産を保有するものの，一方で所得が少ない年金生活者などが含まれており，そのことがこれらの所得階級の固定資産税負担を高める一因になっているものと思われる。

(6) 但し，外形標準課税では赤字法人に対しても公共サービスの利用に応じた一定の課税ができるという意味での応益性は確保される。

(7) 前述のように，大都市近郊の県では税率格差がない状態でもクロスボーダーショッピングが起きているが，これは消費税が引き起こすクロスボーダーショッピングではない。

資　料

奈良県税制調査会の概要

法定外税のみを検討対象としていた既存の「法定外税懇話会」を、課税自主権の活用について幅広に検討を行う「税制調査会」に一新し、次の通り機能の拡充を図る。
◆ 奈良県の政策目標実現に向けた課税自主権の活用について検討・提言
◆ 経済社会の構造変化に対応した地方税制度について研究・提言

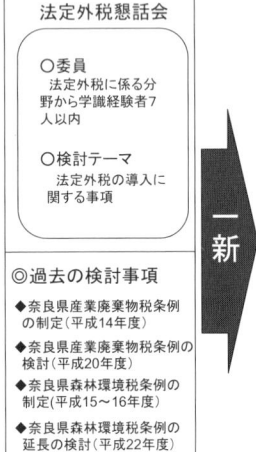

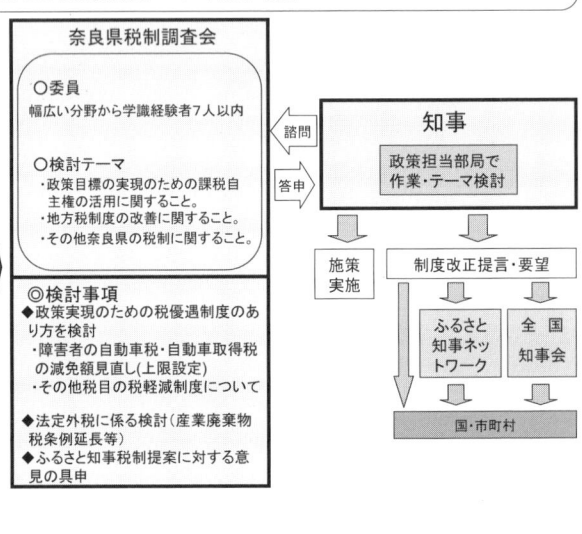

法定外税懇話会

○委員
　法定外税に係る分野から学識経験者7人以内

○検討テーマ
　法定外税の導入に関する事項

◎過去の検討事項
◆ 奈良県産業廃棄物税条例の制定（平成14年度）
◆ 奈良県産業廃棄物税条例の検討（平成20年度）
◆ 奈良県森林環境税条例の制定（平成15～16年度）
◆ 奈良県森林環境税条例の延長の検討（平成22年度）

一新

奈良県税制調査会

○委員
　幅広い分野から学識経験者7人以内

○検討テーマ
・政策目標の実現のための課税自主権の活用に関すること。
・地方税制度の改善に関すること。
・その他奈良県の税制に関すること。

◎検討事項
◆ 政策実現のための税優遇制度のあり方を検討
・障害者の自動車税・自動車取得税の減免額見直し（上限設定）
・その他税目の税軽減制度について
◆ 法定外税に係る検討（産業廃棄物税条例延長等）
◆ ふるさと知事税提案に対する意見の具申

知事

政策担当部局で作業・テーマ検討

諮問 / 答申

施策実施

制度改正提言・要望
→ ふるさと知事ネットワーク
→ 全国知事会
→ 国・市町村

税制調査会委員名簿

氏名	所属・職名（論文執筆当時）
上村 敏之	関西学院大学経済学部 教授
城戸 英樹	奈良県立大学地域創造学部 准教授
佐藤 主光	一橋大学政策大学院 教授
鈴木 将覚	京都大学経済研究所 准教授
竹本 亨	帝塚山大学経済学部 准教授
林 宏昭（座長）	関西大学経済学部 教授
横山 直子	大阪産業大学経済学部 教授

これまでの奈良県税制調査会の活動状況

第1回 税制調査会（平成25年3月26日）

県勢の状況、県税の状況等をふまえ、本県税制度のあり方を検討するための調査会のキックオフ。
以下のテーマについて検討を開始。⇒　【資料1】
◆税源の偏在（格差）是正
・地方法人課税関係（地方法人特別税・譲与税制度）
・地方消費税関係（清算基準（現行分、税率引上げ分））
◆本県の自主的な税制
・課税自主権の活用（産業廃棄物税の見直し　等）
・減免・課税免除制度の見直し（自動車税身障者等減免　等）

第2回 税制調査会（平成25年6月13日）

税源の偏在（格差）是正について、奈良県として主張すべき論点を以下の2点に集中して議論。
◆地方消費税の清算基準における課題
◆地方法人課税に関する課題

「地方税改革に関する4つの提言」発表（平成25年6月26日）⇒　【資料2】
　この提言を受けて、7月及び11月の政府要望に反映。⇒　【資料3】

第3回 税制調査会（平成25年9月12日）

以下の2点について議論・意見交換
◆産業廃棄物税の見直しについて
◆税制をめぐる最近の動き

第4回 税制調査会（平成25年11月14日）

◆「産業廃棄物税について（答申）」⇒　【資料4】
・所要の検討を行う必要な措置についての提言をいただき、産業廃棄物税条例を改正。
◆自動車税制度改革について
◆地方法人課税改革について

第5回 税制調査会（平成26年3月6日）

◆平成25年度の検討結果の報告（新年度予算への反映）
◆平成26年度の検討事項（地方消費税の清算基準、地方法人課税）

第6回 税制調査会（平成26年6月5日）

◆政府要望に向けて（地方消費税の清算基準、地方法人課税）

奈良県税制調査会の論点（奈良県の税制に係る課題・検討事項の整理）　資料1

県勢の状況
- 大阪のベッドタウンとして、昭和50年代後半まで社会増が高い水準で推移し、人口が大幅に増加
- 今後、全国よりも急速に高齢化が進行する見込み
- 県外就業率は、約30％で全国一高い
- 県外消費率は、約16％で全国最上位

県税の状況
- 歳入の約4割を地方交付税に依存し、県税収入は、3割未満
- 個人県民税は、税収の4割強を占めるが、近年は低下傾向（一人当たり税収は、全国第8位）
- 法人2税は、税収の2割未満で、自動車税よりも少ない。（一人当たり税収は、全国最下位）
- 一世帯当たり消費支出は全国3位であるにもかかわらず、清算後の一人当たり地方消費税額は全国最下位。（いずれも平成23年度決算額）

本県税制度のあり方を検討

税源の偏在（格差）是正
1. 地方法人課税関係
   地方法人特別税・譲与税制度

2. 地方消費税関係
   清算基準
   （現行分、税率引上げ分）

本県の自主的な税制
1. 課税自主権の活用
   (1) 産業廃棄物税（法定外税）
      ※25年度中に検討
   (2) 森林環境税（法定外税、超過課税方式）
   (3) 法人県民税法人税割税率の特例　等

2. 減免・課税免除制度の見直し
   自動車税・自動車取得税の身体障害者等に係る減免
   法人県民税均等割の課税免除　等

地方税改革に関する４つの提言（平成25年6月26日） 資料2

地方税改革に関する４つの提言

平成 25 年 6 月 26 日
奈良県税制調査会

　少子高齢化という大きな社会構造の変化の下、地方政府が住民から求められる役割を適切に果たすためには、急速に進む高齢化による社会保障の財政需要の増嵩に対応するため、税収が安定的で、税源の偏在性が小さい地方税財源の充実が不可欠である。

　特に、個別の税目では、地方法人課税については、地方の基幹的税目でありながら、景気に左右されやすく、また最も地域間格差が大きい税目という問題を抱えている。

　※　地方法人２税については、例えばリーマンショック前後（平成 20 年度と 21 年度の比較）では▲44%の減収となった他、平成 23 年度決算における都道府県別人口 1 人あたりの税収額で最大 5.3 倍の格差が認められる。

　このような状況の下、今般の消費税率の引き上げにあたっては、比較的偏在性の小さい地方消費税について、1.2%の税率引き上げを行うこととされたところであるが、これを機会として、地方消費税について２つ、地方法人課税について２つ、合わせて地方税改革に関する４つの提言を行うものである。

　※　今般の消費税法等の改正にあたっても、「税制の抜本的な改革による地方消費税の充実と併せて、地方法人課税の在り方を見直すことにより税源の偏在性を是正する方策を講ずることとし、その際には、国と地方の税制全体を通じて幅広く検討する」ことが、速やかに必要な措置を講ずる事項として法律に盛り込まれた（消費税法改正法第７条五ロ）ところ。

＜第１の提言－社会保障目的となる地方消費税の清算基準の見直し＞

　まず、今般の地方消費税率の引き上げ分については、社会保障４経費（年金、医療、介護、少子化対策）等に充てることとされている（社会保障目的税化）。社会保障の給付に大きな役割を担っている地方政府が財政責任を果たす、すなわち住民に税率引き上げの説明責任を果たすためにも、**引き上げ分については、地方の社会保障経費を反映する高齢者人口等を清算基準とすべき**である。

　この場合、最終消費支出と地方消費税収が異なる配分となることから、地方消費税率の引き上げ分は「地方共同税」（地方税の一部を地方共通課題のための共通財源と位置づけ調整する仕組み）として位置づけることが考えられる。

＜第２の提言－現行の地方消費税の清算基準の見直し＞

　現行の地方消費税は、その清算基準が供給側の統計に依っていることから各地方の最終消費支出と清算後の地方消費税収は乖離が生じている。したがって、清算基準を最終消費支出の実態に合わせるべく、**人口基準の比率を高め、県外消費支出を考慮した清算基準に変更すべき**である。併せて地方消費税は地方固有の税であるとの性格を明確にし、地方全体で説明責任を果たすべきである。

※　例えば、奈良県では県外購入割合が15.9％と全国１位となっており、その内訳も身の回り品、化粧品などの「その他の消費支出」や「被服及び履物」の比率が高くなっているなど、供給側の統計では正確な最終消費地の把握は困難と考えられる。

＜第３の提言－地方法人課税と地方消費税の税源交換＞

　次に、安定性を欠き偏在性が高い現行の**地方法人課税については国税化し、国の消費税については地方消費税化（税源交換）**することを検討すべきである。

　その際、税源交換による地方消費税の税率は法人税の景気変動を十分考慮したものにするとともに、**引き上げ分については、社会保障の財政需要の増嵩という地方における財政需要を踏まえて社会保障財源化する**ことも検討が必要である。

＜第４の提言－地方法人特別税制度の維持＞

　また、今般の地方消費税率の引き上げについては、社会保障目的税としての性格を別としても、税源偏在の是正効果は不十分であることから、「税制の抜本的な改革において偏在性の小さい地方税体系の構築が行われるまでの間の措置」とされている**地方法人特別税制度は当面維持されるべき**である。将来的には、普遍性の高い地方税体系の実現に合わせてそのあり方を検討すべきである。

政府予算編成に関する提案・要望（地方税改革に関する4つの要望）　資料3

地方税改革に関する4つの要望

【提案要望先】総務省、財務省

平成25年11月

奈良県の提案要望

● 地域間の税収格差の是正等を図るため、関係法令を改正し、以下の事項を推進されることを提案する。

〈1〉 **社会保障目的となる地方消費税（引上げ分）の清算基準について**
　　地方消費税の引上げ分については、地方の社会保障経費を反映する高齢者人口等を清算基準とすること。

〈2〉 **現行の地方消費税の清算基準の見直し**
　　人口基準の比率を高め、県外消費支出を考慮した清算基準に変更すること。

〈3〉 **地方法人課税と地方消費税の税源交換**
　　地方法人課税については国税化し、国の消費税については地方消費税化する税源交換について検討すること。

〈4〉 **地方法人特別税制度の維持**
　　地方法人特別税制度は当面維持すること。

〇奈良県税制調査会（平成25年3月設置）

　奈良県の税制のあり方を検討する「奈良県税制調査会」を設置。
　税源の偏在（格差）是正などについて**平成25年6月26日付けで「地方税改革に関する4つの提言」**をいただき、この要望に反映。

（五十音順）

氏名	所属・職名
上村 敏之	関西学院大学経済学部　教授
城戸 英樹	奈良県立大学地域創造学部　准教授
佐藤 主光	一橋大学大学院経済学研究科、国際・公共政策大学院　教授
鈴木 将覚	京都大学経済研究所　准教授
竹本 亨	帝塚山大学経済学部　准教授
林 宏昭（座長）	関西大学経済学部　教授（副学長）
横山 直子	大阪産業大学経済学部　教授

資料 181

地方消費税の清算基準における課題

〈1〉 引上げ分の清算基準(案)

配分(案)	65歳以上人口	3／4
	18歳以下人口	1／4

うち1／2を市町村へ交付 → 市町村への交付基準　人口のみ　1／1

⇒ 引上げ分は、社会保障施策に要する経費に充てるものとされていることから、市町村への交付基準が人口とされていることも踏まえ、「高齢者人口等」を清算基準とすること。

〈2〉 現行の清算基準

奈良県の1世帯当たり消費支出は全国3位であるにもかかわらず、清算後の1人当たり地方消費税額は全国最下位レベル
→「最終消費地と税の帰属地の不一致」
現行の清算基準が供給サイドの統計数値であることが影響

※1人当たり地方消費税額の格差(都道府県間清算後)
・平成23年度　東京都 27,872円、奈良県 15,269円(格差 約1.8倍)
・平成22年度　東京都 31,012円、奈良県 15,819円(格差 約2.0倍)
・平成21年度　東京都 25,458円、奈良県 15,166円(格差 約1.7倍)

清算基準	小売年間販売額	サービス業対個人事業収入額	人口	従業者数		人口	従業者数
(割合)	6／8		1／8	1／8		1／2	1／2

うち1／2を市町村へ交付

人口→拡大

地方法人課税における課題

〈3〉 税源交換について

現行の地方法人関係税は、安定性を欠き偏在性が高い。

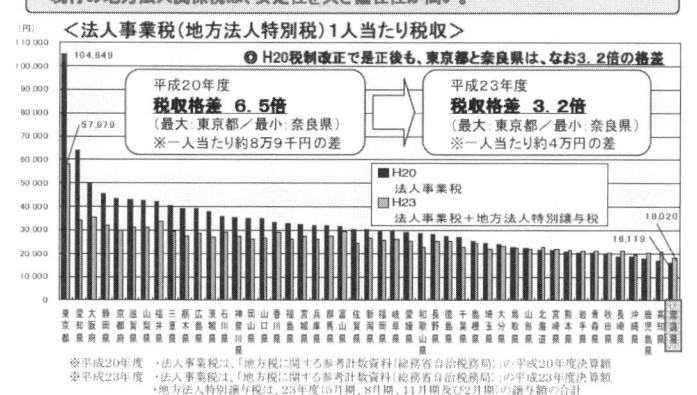

＜法人事業税(地方法人特別税)1人当たり税収＞

● H20税制改正で是正後も、東京都と奈良県は、なお3.2倍の格差

平成20年度　税収格差 6.5倍
(最大:東京都／最小:奈良県)
※一人当たり約8万9千円の差

→ 平成23年度　税収格差 3.2倍
(最大:東京都／最小:奈良県)
※一人当たり約4万円の差

東京都 104,649 / 愛知県 57,979 ... 18,020 / 16,119

※平成20年度・法人事業税は、「地方税に関する参考計数資料(総務省自治税務局)」の平成20年度決算額
※平成23年度・法人事業税は、「地方税に関する参考計数資料(総務省自治税務局)」の平成23年度決算額
・地方法人特別譲与税は、23年度(5月期、8月期、11月期及び2月期)の譲与額の合計

〈4〉 地方法人特別税制度の維持について

今般の地方消費税率の引き上げについては、税源偏在の是正効果は不十分である。

【県担当部局】　総務部税務課

産業廃棄物税について（答申）（平成25年11月14日） 資料4

産業廃棄物税について（答申）

平成25年11月14日
奈良県税制調査会

　奈良県産業廃棄物税は平成16年4月に導入された法定外目的税である。導入にあたっては「経済的手法として『産業廃棄物税』を導入することにより、循環型社会の形成を目指し、産業廃棄物の排出抑制、再生利用、減量等の施策の一層の推進を図ること」を目的とし、課税を行う期間としては「特に定めないが、条例施行後5年を目途として、条例の施行状況、社会経済情勢の推移等を勘案し、必要な措置を講ずる」こととされている。

　そこで、条例施行後10年目を迎える本年、所要の検討を行い必要な措置について提言を行うものである。

＜産業廃棄物税の評価について＞

　奈良県内の産業廃棄物排出量は平成22年度実績1,539千トン（平成24年度推計値で1,544千トン）、最終処分量は平成22年度実績74千トン（同74千トン）となっており、平成17年度実績のそれぞれ1,696千トン、99千トンから産業廃棄物排出量は約9％、最終処分量は約25％の削減となっている。
　他方、再生利用率（平成24年度推計値47.8％）については、平成17年度とほぼ同率で推移しており、全国平均値も下回っている状況にある。
　これらの実績から、産業廃棄物税の導入及び使途事業の実施効果としては一定の成果が得られていると認められるが、なお一層の産業廃棄物の排出抑制、特に再生利用を図るため、産業廃棄物税及び使途事業は引き続き継続することが適当である。

※　産業廃棄物排出量等の動向については、産業廃棄物税を導入していない大阪府からの産業廃棄物の搬入が認められるなど、産業廃棄物税以外に、県内最終処分場の施設数及び埋立容量の減、企業間の取引事情など他の要因も少なからず影響していることが推測される。

※　また、産業廃棄物税の産業廃棄物処理に係る経費に占める割合は、導入当初は大阪湾広域臨海環境整備センターにおける埋立処分料金との比較より、10％～20％と推計されていたが、同施設の埋立処分料金は現在大幅に引き上げられており、この割合は縮小傾向にあると考えられる。

＜産業廃棄物税の課税方式について＞

　奈良県では、最終処分業者特別徴収方式を採用している。その類型である焼却処理・最終処分業者特別徴収方式を採用している県を含めれば、産業廃棄物税を導入している大半の道府県において同じ方式が採用されているが、近隣では排出事業者申告納付方式を採用している県もある。

　この排出事業者申告納付方式については、排出抑制のインセンティブがより

働くとの指摘もあるが、排出事業者が意識するものは排出コスト全体であり、税額単体の意識の有無によりインセンティブが変わるものではない。むしろ、徴税は簡素であるべきとの原則に立って、引き続き最終処分業者特別徴収方式を採用することが適当である。

※ 排出事業者申告納付方式をとる滋賀県における産業廃棄物の最終処分目的による移動量を見ると、平成20年度以降、年によって増減はあるもののほぼ横ばいとなっている。

＜産業廃棄物税の税率について＞

　奈良県では、産業廃棄物税の税率を1トンあたり1,000円としており、これは、産業廃棄物の排出抑制を推進するという観点と、産業廃棄物の他府県への流出入を抑制するために考慮する必要がある他府県税率とのバランスの観点から決められたものである。

※ 導入当初より「特定事業を実施するための所要財源の確保の観点」は重視しないこととされ、総務省との協議においても財政需要については特段の見込みは立てていない。

　税収は逓減（毎年前年比1割程度縮小）しており、平成21年度からは使途事業費が税収を上回る状況となっている。そのため、税率の引き上げについても検討の余地はある。他方、産業廃棄物の排出抑制の観点からは現在も一定の効果が認められること、他府県との均衡に配慮が必要であること、現時点でもなお過去の税収からなる基金積立金の残額があること等を考慮すると、税率は現行のまま据え置き、今後5年間において税収と基金積立金の範囲内で使途事業費を賄うべく、使途事業の見直しを行うことが適当である。

＜産業廃棄物税の使途事業について＞

　産業廃棄物税の使途事業費の実施効果については一定の効果が認められるが、平成21年度以降は、使途事業費が税収を上回り、これを賄うために基金積立金の一部を充当している状況である。

　このため、税率の検討において指摘したとおり、使途事業については、その事業費が今後5年間で税収総額と基金積立金を上回ることがないよう見直しを行うべきである。その際には、産業廃棄物の抑制効果を定量的に把握し、効果的な使途事業に重点化すべきである。特に、県直轄の研究開発や植栽等の一般的な啓発事業など、直接的な効果が明らかでないものについては、使途事業から除外することが適当である。

＜産業廃棄物税の見直し規定について＞

　上記のとおり、税収と使途事業費について5年間でバランスさせることを踏まえ、5年後には再び検討を行い必要な措置を講ずることが適当である。その際、当調査会で議論された、産業廃棄物の排出抑制、再生利用、減量を一層促進するための軽減税率についても併せて検討されることを提言する。

あとがきに代えて
〜奈良県税制調査会の発足について〜

　本書は、平成25年3月に発足した奈良県税制調査会委員の先生方による論文集です。この奈良県税制調査会ですが、都道府県において税制調査会と同様の組織を設けているところは8都県しかありません。すなわち都道府県において通常の行政を進めていく上では、必ずしも必要な組織という訳ではありません。そこで、なぜ奈良県が税制調査会を設けることになったのか、その経緯と思いについて、発足に関わった者の一人としてこの場を借りて御紹介させていただきます。

〈奈良県税制調査会発足の経緯〉
　私の手元に「自動車2税の減免制度の在り方について」と題された「平成24年11月13日」と日付が入った資料があります。この資料が奈良県税制調査会発足のいわば発端となったものです。この資料は、当時総務部長であった私に、担当の税務課長から自動車2税の減免制度を縮小する方向で見直しを行いたい、との説明の際に用いられました。
　その見直しの趣旨に異論はないものの、事務的に条例改正作業を進めようとする税務課に対して、新たな負担増を伴うものでもあり単に利害関係者の意見をその場限りで伺うのでなく、租税原則に則っているものかどうか学識経験者の意見も聴いてみてはどうか、と問題提起をしたことが税制調査会構想の発端です。
　上記のようにあまり他県に類例がなく、また奈良県としてこの減免制度の見

直し以外に、どれだけ調査・審議をお願いする課題があるのか必ずしも見通しもなかったことから、当初事務的にはあまり前向きな反応ではありませんでした。幸い、奈良和美総務部次長（当時、現国土交通省関東運輸局自動車交通部長）から「自分が税務課長だった時から県で税制調査会を設けたいと考えていた」との応援も得て、「税制についても地方でしっかりとした論を立て、国と議論をしていきたい」との荒井正吾知事の御指示があり、税制調査会発足に向けての準備を始めることとなりました。

　そうなると、大きな課題は委員の人選です。奈良県で開催するには関西在住の学識経験者を中心にお願いをしなければなりませんが、奈良県内には社会科学系の学部を有する大学も少なく、県と日頃お付き合いのある先生方もおられません。「国と議論をする」という荒井知事の思いを受け止めていただける委員の先生方をどのように探すのか、思案をする日が続きました。

　そのような時に思い浮かんだのが、行政と学問の両方の世界に明るい財務省財務総合研究所上田淳二財政経済計量分析室長（当時、現国際通貨基金（IMF）財政局審議役）です。京都大学経済研究所准教授を務めた経験もある上田室長からは、たちどころに林宏昭先生、上村敏之先生、鈴木将覚先生、竹本亨先生を候補として御推薦いただき、さらには上村先生、鈴木先生に紹介の労も執っていただきました。

　その中で、座長をお願いしたいと考えていた林先生は、事前に上田室長から「副学長でもあり大変お忙しいので、委員就任はお引き受けいただけないかもしれない」と聞いていました。ところが我々の心配に相違して、林先生には座長就任を御快諾いただき、さらには横山直子先生を御紹介いただくことができました。ここに奈良県税制調査会が発足する運びとなったわけです。

　林先生には、その後税制調査会の議論を的確に導いていただくとともに、調査会の提言、答申の構成から細かな表現に至るまで直接御指導を賜っております。本書の発刊につきましても、その御提案からとりまとめまで格別の御尽力をいただきました。この場を借りて厚く御礼申し上げます。

〈奈良県税制調査会への思い〉

　このような経緯で、無事発足し熱心な御議論をいただいてきました奈良県税制調査会ですが、このような調査会を設けたいとの思いは、さらに1年ほど遡ります。それは平成24年2月24日、全国知事会地方税財政特別委員会の開催です。この会議では、「社会保障・税一体改革大綱」についての知事会意見が議論となりました。

　本書の中でも何人かの先生方に触れていただいていますが、奈良県における税制上の大きな課題は地方消費税の清算基準の見直しです。従来から問題提起はしていたものの、国からは「奈良県の主張は税の理論からは認められない」と門前払いの状況でした。

　しかしながら、消費税率の引き上げとその引き上げ分の社会保障財源化は、地方消費税が有する矛盾点が浮き彫りとなり、他県の知事さんからも問題を指摘する声があがったことから、奈良県から問題提起するにはまたとない機会だと考えました。この会議に向けて、「奈良県として税の理論を固めてほしい」と、荒井知事から当時県健康福祉部長として社会保障と税の一体改革に関する県の考え方を検討していた私に御指示がありました。

　その際荒井知事から御示唆があったのが、一橋大学教授佐藤主光先生の御著書「地方税改革の経済学」の日本経済新聞に掲載された書評です。慌てて御著書を拝読し、「一般財源、自主財源としての地方消費税と社会保障目的税としての地方消費税の性格は本来、相容れないことになる」との御指摘を見つけたときの喜びは、今でも鮮明に記憶しています。

　従来の奈良県の主張は「奈良県は消費は多いのに、地方消費税の清算額が少ない」というどちらかと言えば現象面の指摘だった訳ですが、この佐藤先生の御指摘に大きな力を与えていただき勉強を始め、様々な論文・文献を読み込んでいくと、諸外国の事例も含め、奈良県の主張が決して「税の理論からみて荒唐無稽」ということではないということがわかってきました。

　そして荒井知事の強い発信力によって、奈良県の主張が知事会の意見に「算定における『人口』の比率を高める」という形で一部取り入れられた他、知事

会に地方税財政制度研究会が新たに立ち上げられ、地方税制における税源偏在の是正方策について議論が進められることになったことは一つの成果だと考えています。

ただ、この議論の過程で痛感したことは、県において「しっかりとした論を立てる」必要性と、そのための日頃の勉強です。財務省主税局税制第二課佐藤大企画調整室長（当時、現財務省大臣官房秘書課調整室長）には消費税の基本的な考え方を御教示いただくとともに、多くの文献、論文を提供していただきました。いつかは県としても税制調査会のような場をもち、学識経験者の方々と議論を深めていきたい、という思いはこの時から常に私の頭の中にあるようになりました。

なお、佐藤先生には、その後、奈良県が主催する東アジア地方政府会合の講師として御来県いただき、その御縁で奈良県税制調査会の委員就任を御快諾いただきました。先生には政府税制調査会委員など研究・公務に御多忙の中、奈良県税制調査会には東京から日帰りで毎回御出席を賜り、熱心に御議論をいただいておりますことを、この場を借りて厚く御礼を申し上げます。

〈おわりに〉

以上、奈良県税制調査会の発足にあたっての経緯と思いを御紹介させていただきました。地方分権の時代と言われて久しいですが、単に国からいくつの権限を（あるいはいくらの税源を）委譲させた、ということが分権の本質ではないと私は考えています。地方のために真に良い行政を実現するためには、国と一緒になって新しい制度を作っていくことが必要です。

今般「地域における医療及び介護の総合的な確保を推進するための関係法律の整備等に関する法律」が成立しました。この過程においては、厚生労働省社会保障審議会医療部会において荒井知事から積極的な制度の提案を行い、また都道府県担当者との累次の勉強会を重ね、厚生労働省、全国知事会とも協力しながら、真に地域の医療・福祉のためになる大きな制度改正が実現しました。

本書が税制の分野においても、同様の議論が行われる一助となることを地方

自治の現場にいる者の一人として切望するものです。

　最後になりましたが、奈良県税制調査会はこれまで記しましたとおり荒井知事の御指導なしには発足できませんでした。また、巻頭謝辞にもありますような荒井知事の強い思いがなければ、委員の先生方にもここまで議論を深めることはできなかったと思います。荒井知事にこの場を借りて厚く御礼を申し上げるとともに、本書の刊行に御尽力いただきました委員の先生方及び関係者のみなさまに感謝をいたしまして、あとがきに代えさせていただきます。

　平成26年9月

奈良県副知事　前田　努

【著者略歴】 (50音順)

上村敏之（うえむら・としゆき）
1972年生まれ。関西学院大学経済学部卒、同大大学院経済学研究科博士課程後期課程修了。博士（経済学）。東洋大学経済学部准教授を経て、現在、関西学院大学経済学部教授。主な著書に『財政負担の経済分析』（関西学院大学出版会、2001）、『コンパクト財政学』（新世社、2007）、『検証　格差拡大社会』（日本経済新聞出版社、2008）、『公的年金と財源の経済学』（日本経済新聞出版社、2009）、『公共経済学入門』（新世社、2011）、『消費増税は本当に必要なのか』（光文社新書、2013）など。

城戸英樹（きど・ひでき）
1978年生まれ。京都大学法学部卒、同大大学院法学研究科博士後期課程修了。博士（法学）。奈良県立大学地域創造学部准教授。主な業績に「市町村合併の環境的要因と戦略的要因」（共著、『年報行政研究』43号、2008）、「行政改革としての地方分権—世論の変化と政党の行動」（『法学論叢』第165巻第1号・第6号、2009）、「地方分権時代の自治体職員意識—モチベーションの規定要因に関する実証分析」（共著、『公共政策研究』第12号、2012）など。

佐藤主光（さとう・もとひろ）
1969年秋田県生まれ。一橋大学経済学部卒、クイーンズ大学（カナダ）経済学部博士号取得。一橋大学経済学研究科・政策大学院教授。政府税制調査会委員等歴任。主な著書に『地方交付税の経済学』（共著、有斐閣、2003、日経・経済図書文化賞）、『地方財政論入門』（新世社、2009）、『震災復興：地震災害に強い社会・経済の構築』（共著、日本評論社、2011）、『地方税改革の経済学』（日本経済新聞出版社、2011、エコノミスト賞）など。

鈴木将覚（すずき・まさあき）
1971年生まれ。一橋大学経済学部卒、富士総合研究所（現みずほ総合研究所）入社。京都大学経済研究所先端政策分析研究センター准教授等を経て、現在、みずほ総合研究所主任研究員。京都大学博士（経済学）。主な著書に『グローバル経済下の法人税改革』（京都大学学術出版会、2014）など。

竹本　亨（たけもと・とおる）
1971年生まれ。東北大学経済学部卒、同大大学院経済学研究科博士課程後期課程修了。博士（経済学）。帝塚山大学経済学部准教授。主な著書に『分権化時代の地方財政』（（第7章を共著）貝塚啓明編著、中央経済社、2008）。

林　宏昭（はやし・ひろあき）
1958年生まれ。関西学院大学経済学部卒、同大大学院経済学研究科博士課程後期課程修了。博士（経済学）。帝塚山大学経済学部助教授等を経て、現在、関西大学経済学部教授・関西大学副学長。主な著書に『租税政策の計量分析』（日本評論社、1995、日税研究特別賞）、『どう臨む　財政危機下の税制改革』（清文社、2002）、『分権社会の地方財政』（中央経済社、2006）、『税と格差社会—いま日本に必要な改革とは—』（日本経済新聞出版社、2011）など。

横山直子（よこやま・なおこ）
2006年関西学院大学大学院経済学研究科博士課程後期課程修了。博士（経済学）。姫路獨協大学経済情報学部教授を経て、現在、大阪産業大学経済学部教授。

望ましい地方税のありかた —奈良県税制調査会からの発信—

平成26年11月14日　発行

著　者　　奈良県税制調査会

発　行　　奈良県

発売所　　株式会社 清文社
　　　　　〒101-0047　東京都千代田区内神田1-6-6（MIFビル）
　　　　　電話03(6273)7946　Fax 03(3518)0299
　　　　　〒530-0041　大阪市北区天神橋2丁目北2-6（大和南森町ビル）
　　　　　電話06(6135)4050　Fax 06(6135)4059

　　　　清文社ホームページ　http://www.skattsei.co.jp/

著作権法により無断複写複製は禁止されています。　　印刷・製本　亜細亜印刷㈱
落丁・乱丁の場合はお取替え致します。　　　　　　　ISBN978-4-433-40954-8